博瑞森图书
BRAGE

企业阅读 本土实践

管理 · 人文 · 生活

医药代表
药店销售36计

鄢圣安◎著

中华工商联合出版社

图书在版编目（CIP）数据

OTC医药代表药店销售36计/鄢圣安著. —北京：中华工商联合出版社，2016. 11
ISBN 978-7-5158-1822-1

Ⅰ. ①O… Ⅱ. ①鄢… Ⅲ. ①药品－专业商店－商业经营－研究 Ⅳ. ①F717. 5

中国版本图书馆CIP数据核字（2016）第254640号

OTC医药代表药店销售36计

作　　者：鄢圣安
责任编辑：于建廷　效慧辉
责任审读：郭敬梅
封面设计：久品轩
责任印制：迈致红
出版发行：中华工商联合出版社有限责任公司
印　　刷：北京鑫益晖印刷有限公司
版　　次：2016年12月第1版
印　　次：2016年12月第1次印刷
开　　本：710mm×1000mm　1/16
字　　数：290千字
印　　张：18. 25
书　　号：ISBN 978-7-5158-1822-1
定　　价：58. 00元

服务热线：010－58301130
团购热线：010－58302813
地址邮编：北京市西城区西环广场A座19－20层，100044
http：//www. chgslcbs. cn
E-mail：cicap1202@ sina. com（营销中心）
E-mail：gslzbs@ sina. com（总编室）

作者将自己在做 OTC 销售中发生的故事，或者听到的故事，或者发生的“事故”，以《三十六计》为主线呈现给读者。此书的阅读性强，既通俗易懂，又具有启发性，让读者有身临其境的感觉。其中还有那些发生在你身边，甚至令你束手无策的事情。全书的故事围绕 OTC 销售的市场调查、开发、维护与上量展开，满足了读者实战的需求。

书中的【原典】讲的是《三十六计》的原文计谋。【释义】是对原文的翻译和解读。【OTC 销售浅解】是从我们做 OTC 销售的角度讲如何运用这些计谋。【销售案例】是指我们用 OTC 销售中的实战案例进一步解读计谋。【借题发挥】是对计谋的进一步总结和升华，让我们的销售技能进一步提高。

书中案例的每一句话和每个行为，都是作者反复斟酌出来的，大家要细细品味，会对你的 OTC 销售工作有所指导或者有所启发的，这些话术和销售行为甚至可以直接运用到销售实战中。

这不仅仅是一本故事书，更是一本 OTC 销售的工具书。

各位OTC终端销售的精英们，我们又“以书会友”啦！自第一本《OTC医药代表药店开发与维护》出版后，很多身居一线的OTC销售人员和管理人员通过微信、微博等渠道留言，说喜欢书里的小故事。听到这里，想到曾经还是“OTC销售菜鸟”的时候，在自己迷茫或者束手无策的时候，多么希望有一本实战书籍能够指导我的工作或者从中寻找一些灵感。既然大家爱看实战小故事，那么我就将自己经历过的或者听说过的那些故事，甚至是“事故”写出来，供大家在工作迷茫或者想找个“伴儿”的时候读读。

可是，问题来了！那么多发生在身边的故事或者“事故”，蕴含了很多的销售技巧，怎样有逻辑地展现在读者面前，是我很苦恼的一个问题。偶然读到《三十六计》这本兵法奇书，顿时萌生了以“三十六计”为主线，将自己的故事或者“事故”与《三十六计》结合起来，这样也使我们的OTC销售显得“高大上”了许多。

于是，问题又来了。古老的兵法智慧又怎能被我这种才疏学浅的人所领悟透？所以，重要的是从销售案例中得到启发，而不是悟透《三十六计》。想到这里，我们知道自己该从这本书里得到什么，我的“负罪感”便减轻了很多。

从2015年5月8日动笔到今天，又是一年多的写作时间，尽管编辑多次催稿，我依然不急。因为自第一本书出版15个月以来，加印了两次，反而让我写得愈加谨慎，一定要写出好东西，写出实用的干货，一定要对自己的粉丝和读者们负责！所以，第二本书才迟迟与大家相见！

个人的经历和经验毕竟有限，所写的内容难以做到尽善尽美！也欢迎各位OTC战友、OTC同行、OTC的行业大咖们，通过书后的联系方式与我交流。书中的不足之处，还望各位读者批评指正！

另外，由于社会发展的速度很快，我们医药销售发展也很快，有很多新的销售模式或者方式方法不断涌现。在这里我想邀请读者们，请将你们销售中的“36 计”与我分享，我将在此书的修订版中，增加热心读者的“计谋”，并且署名和给予奖励。欢迎大家写读后感，也有可能出现在本书的再版当中！

最后，还是那句话，希望通过此书，能够让大家在 OTC 销售中有个伴儿，能够让大家“轻轻松松做业务，快快乐乐把钱挣”。最后，祝愿大家在 OTC 行业中越走越光明，越过越好！

鄢圣安

2016 年 5 月

写给新入行的 OTC 代表的一封信

看多了那些抱着一颗炽热之心加入“OTC 代表大家庭”，却坚持不了多久就心灰意冷退出这个行业的热血青年。看着他们每天迟到、早退、传假拜访照片，每天似乎很忙，却看不到销售战果，满嘴的抱怨和满眼的迷茫，作为一个老代表，难免有些心酸。作为一个过来人，想谈谈自己对这个行业的看法，希望对新入行的 OTC 代表们有所帮助。

立足行业

如果你是已经转战了多个行业的“职业老手”，请你回顾一下你身边的朋友，那些经常换行业，今天卖保险、明天卖汽车、后天卖药的人，有几个是现在过着富足生活的？再看看你身边的那些朋友，今天在北京上班，明天在上海上班，后天在深圳上班的，把祖国大地游览了一遍的，又有几个过上好日子的？为什么？因为人生经不起这么频繁的折腾。每换一个行业或工作，对你来说，都是从零开始。你以前所做的一切积累，都会付之东流。如果你不换行业，有可能还会留下点所谓的经验。所以，我想说的是，认准一个行业，就要一往无前地走下去。

为什么觉得 OTC 销售不错呢？首先从大的环境来说，医药行业和教育行业是未来的热门行业。随着人民生活水平的提高，人们对健康品质的要求会越来越高，即使没有钱，可以吃差点，穿差点，但生病了就一定要吃药。只要有终端药店或者诊所的存在，就一定会有 OTC 销售这份工作。其次，选择 OTC 销售的入行门槛比较低，不管你是专科还是本科，不管你是不是药学相关专业毕业的，不管你是男是女，也不管你是老是少，只要你想加入这个行业，都可以有试一试的机会。

又有人问，做 OTC 代表挣钱吗？这是绝大多数 OTC 代表在干了三个月，甚至一年后离开这个行业的原因，因为他真的迷茫了。干 OTC 挣钱吗？有的人会说：“我真的很努力，我也真的很勤奋，可是为什么我还是没有挣到和我辛苦程度相匹配的工资了呢？”

干销售，就跟怀孕一样，靠的是养。今天怀，明天生，那叫流产。做销售需要一个沉淀和积累的过程。还有人问：“为什么还没挣到钱呢？”那么我想问：“为什么我上了十几年的学还没考上清华北大呢？”销售不是一两个月就能干成的，就算是种田也得有个春种、夏锄、秋收、冬藏的过程才会有收获。做事业，跑销售，不学习、不坚持、不行动不可能成功。

所以，认准了这个行业，明白了这个道理，我们就要静下心来好好工作。

志存高远

如果把 OTC 销售工作只看作是一份工作、一种挣钱谋生的工具，每天的工作是在应付公司的考核，为公司老板在打工。那么，兄弟，你上班一定很辛苦，心里也不开心，相由心生，你的多愁善感也会传染给你的客户。见多了那些每天上班像上刑场一样的代表，每天拜访像乞讨一样的代表，试问，这样的状态如何能过上富足的生活？

所以，我们要认识好这份工作。要相信，你每一天的工作都是为你以后在这个医药零售行业立足打下坚实的基础。这些量的积累终究有一天会带来质变的变化，质的变化一定会改变你的生活。

我常常打这样两个比喻，第一个比喻——做 OTC 代表就和做农民一样。划分给你一块土地（区域），你首先需要锄地，捡出石头和杂草（扫街跑店，筛选出优质客户），然后种上种子（铺货），浇水、打农药细心照看好它们（客情维护），最后到了秋天就会有一个好的收成。等到这块地（区域）被你养肥了，无论你种什么种子都会有一个好的收成。这中间的奥秘，我想不用说得太明白，你也应该懂了吧。

第二个比喻——干 OTC 销售就是一个挖井的过程。前期会很辛苦，可是等你把井挖好了，泉水就会源源不断地流出来（财富），谈不上一劳永逸，至少喝水也不会太辛苦。所以，当我们明白了这个道理，我们每天干活的动力就会很足，因为我们知道，今天的努力就是在为未来铺路，将来的某一天终会有收获。

另外，我们真的就要做一辈子的OTC代表吗？不，当然不是。我经常跟我的业务员说，真的不想看到大家30岁了还背着包，一家一家跑终端，那难免有些心酸。

如果是公司的平台比较好，我们可以往职业经理人的方向发展；如果自己的区域耕作的比较好，我们可以自己做个代理商；如果你是有心人，了解了药店的经营之道，开个药店也不是完全不可以的；如果你有一个当老师的梦想，经过实战的过程中，在积累了丰富经验的情况下也可以成立咨询公司或者培训机构。但无论未来向哪个方面发展，都离不开今天的努力。

再者，我们工作不是为了要赚多少钱，而是为了让自己的人生变得独立精彩。绝大多数人都在追求物质财富，而一部分人却在追求自我成长。走过一段路后才发现，当一个人内心强大、修养足够时，赚钱只是顺带的事，成功也只是优秀的副产品。做一个值钱的人比做一个有钱的人更重要。

脚踏实地

认准了这个行业，明白了自己未来发展的方向——为谁而工作，那么接下来，你需要做的就是脚踏实地、勤勤恳恳地工作。工作的量变一定会带来工作的质变！量变带来质变的这个哲学道理我相信很多人都懂，至于多少量变能带来质变，这个我不好回答，我只想说，你高质量的量会让质变来得早点，那什么又是高质量的量呢？就是有一套自己的高效拜访客户的方法。每天的工作有计划、有跟进、有总结，每天会总结谈判成功的原因是什么，失败的原因是什么？成功的经验我们要多复制，复制到其他目标客户上去，而失败的教训我们要吸取，不要再犯类似的错误。不断地总结经验和教训会让自己的销售工作无往而不利，而不管经验还是教训都是靠大量的客户拜访积攒起来的。市场是最好的老师，我们宁可在外面碰壁，也不要在家里面壁。

认准医药行业，既要埋头苦干，也要抬头看天，知道自己的未来在哪里，相信你每天都会充满能量。

恰逢刚组建一个团队在一个市场操作新产品，难免会有新手代表进进出出，有感而发，供各位医药同仁参考使用。

鄢圣安
2016 年 6 月 15 日

第十七计　抛砖引玉

第十八计　擒贼擒王

第十九计　釜底抽薪

第二十计　浑水摸鱼

第二十一计　金蝉脱壳

第一计

瞒天过海

【原典】备周则意怠；常见则不疑。阴在阳之内，不在阳之对。太阳、太阴。

【释义】防备得周全时，更容易麻痹大意；习以为常的事，也常会失去警戒。秘密常潜藏在公开的事物里，并非存在于公开暴露的事物之外。公开暴露的事物发展到极端，就形成了最隐秘的潜藏状态。

【OTC 销售浅解】在 OTC 销售中用到此计，一般是表现在表面附和客户的要求，实际上坚持自己的销售方案。附和只是为了缓解谈判的氛围，制造假象，以假乱真以混淆视听，从而达到自己销售的目的。

在聊天中，寻找兴趣点来加深彼此的印象，为销售做铺垫和服务。寻求新的销售模式，在大家还没有意识到之前，开始行动，抢占先机。

【销售案例】

案例1　巧设价差

李明是某国药准字膏药的省会代理商，主要做麝香壮骨膏、消炎镇痛膏、伤湿祛痛膏。这三个产品的代理底价一样，国家的最高零售限价也一样，而这三个产品在功能主治方面的差异性不大。

经过本地的市场调查，李明发现麝香壮骨膏是最常见和卖得最多的，也是价格竞争最激烈的，伤湿祛痛膏是竞争最惨烈、零售价最低的，消炎镇痛膏的竞争不是很明显。基于这个情况，李明决定把麝香壮骨膏的出库价定得最低，零售价定得最高，这样有足够大的利润空间给终端，也有足够的促销空间去拉动销量。把伤湿祛痛膏的零售价定低一些，供货价也低，就是去抢占终端的市场，甚至当作赠品，进麝香壮骨膏或者消炎镇痛膏达一定数量，免费赠送。消炎镇痛膏的供货价和零售价都居中。

这样，在终端药店就有一个价格差。药店在推荐的时候，根据消费者的支付能力来推荐产品，不管是在哪个价位段都能推荐李明的膏药。这样一来，李明的膏药销售市场就一下子打开了。

价格带的设计和管理是药店商品管理的一项重要内容，我们经常通过满足客户的价格达到产品进场的目的。既然药店有这样的需求，那么我们在产品的价格设计方面就留下这样的机会。你要始终相信，零售药店是希望卖高零售价的产品的，因为他们有提高客单价和提高销售额的需求，之所以抱怨零售价格贵，是因为想减少推荐的难度。所以，我们将产品结构和价格巧妙设计来满足药店高、中、低不同价位的需求。

案例2　巧获店员信息

张青所在公司主要采用找目标店员促销该公司 CG 产品的方法。由于找目标店员是一个比较敏感的工作，工作的难点在于很难弄到目标店员的手机号码，以便及时沟通，于是该公司想出了一个以培训调查卡片的形式来掌握目标店员手机号码的方法。

活动时，在一个小卡片上印十道题，都是围绕该公司的核心产品展开的产品知识培训。店员在答题中遇到不会的题目，可以及时咨询业务员。业务员讲解产品的时候，也对店员进行了产品知识的培训。

最重要的是要让店员填写药店名称、姓名、手机号码。每个参加的店员会获得一份小礼物，比如带厂家 logo 的湿纸巾一包；每周五从这些调查卡片中抽取 50 人，赠送每人 20 元的话费，直接充到这 50 人的手机上，所以电话号码必须填。

这样一来我们就掌握了店员的相关信息，把我们的目标店员找出来，充上 20 元的话费，并告知其一系列的促销政策，希望在以后的销售中遇到 CG 产品的适应症患者，能够更多地推荐我公司的 CG 产品。

尽管我们理想地希望整个药店的人都用心卖我们的产品，但现实很残酷，在很多店难以实现，因为一个药店要面对 6000 个以上的产品。多数厂家的业务员都会过来做工作，店员的注意力总是有限的，所以找到愿意好好帮我们卖药的那个人并不是特别容易。所以，我们要想办法获取店员的信息，只有获取了店员的基本信息，才有可能和店员产生联系，才有可能让我们个人的形象或者我们的产品在店员的心目中占有一席之地，才有首推的可能性。

想要获取店员的信息：一是要经常拜访。大家混熟了自然而然就有了店员的信息，二是要趁老板不在或者店长不在店里的时候多拜访客户。这个时候店员才敢跟你进行更多的交流，也是你获取信息最有利的时机。但是多数情况下，我们的销售代表总是选择在他的目标客户（老板或店长）在的时候才过去，而不在就不过去，忽视了店员才是忽视了产品变成钱的最后一个环节的人！

案例3　排队抢鸡蛋，制造销售氛围

普通人都有从众和看热闹的心理。在我们 OTC 销售中，就有人很好地利用了消费者的这一心理。免费送东西是吸引消费者一个很好的办法，可以快速积攒人气，打开知名度，制造良好的销售氛围。

缘佳堂连锁是某一区域性的连锁药店。在信中店开业的时候，药店提前 3 天在附近各大街道和小区逐楼派发新店开业的宣传彩页。彩页标明：新店开张的前 3 天，每天进店的前 50 名顾客，免费赠送 8 个鸡蛋，办会员卡奖励 2 个鸡蛋，购物凡满 38 元送蚊香两盘，满 48 元送凉水壶一个，满 68 元送纸巾一提，满 108 元送小型电风扇一台，满 198 元送无烟油锅一个，满 298 元送购物车一辆加金银花露水 1 件，满 298 元送落地电风扇 1 台。

开业当天，定时 8 点派发免费鸡蛋，结果 6 点钟就有老爷爷老奶奶们开始在药店门口排起了长队。很多晨练和路过的人都会凑近问发生了什么事情，大家讲了免费领鸡蛋的事情，于是有更多的人加入到了排队的行列中。

在开业时，庞大的人群加上锣鼓喧天，制造了很好的销售氛围，当天也积攒了不少的会员。

尽管送鸡蛋的活动现在已经泛滥了，但是仍然不失为目前最有吸引力的活动。因为鸡蛋作为每个家庭生活的必需品，而老年人的心脑血管用药和保健品用药又是长期大量的，反正总是要吃的，一次多买点，换些鸡蛋何乐而不为？于是人群的长队纷纷排了起来，大家奔走相告。一般领了鸡蛋的消费者，第二天会邀请更多的好友来参加活动。

在这里，我要说一下领鸡蛋的几个关键点：

（1）指定某一时间开始发放鸡蛋，免得大家一领完鸡蛋就一哄而散，或者来了就领，稀稀拉拉的几个人也不好看。烘托促销活动氛围的作用瞬间消失，不能达到聚集人气的作用。

（2）不要免费领。哪怕进店消费 1 分钱，也要让他们进店消费。很多药店搞免费领，结果消费者就在外面排队，连药店门都没有进，领完鸡蛋就走了，达不到预期的效果。

（3）领鸡蛋的券要管理好，一人一张一份。经常有代领的情况发生，鸡蛋钱花了，预计排队的人数没有达到。那就“赔本赚吆喝”啦！

【借题发挥】

如何通过聊天来做客情

最近有很多代表咨询笔者，OTC代表平时“跑店”该和店员聊些什么来增加印象，增进感情。如何把和客户之间的交流融合在流程化的拜访之中，解决拜访中的形式和尴尬。结合笔者做终端的交流经验，和大家共同探讨这个话题。

1. 见缝插针，投其所好

有很多时候，你可能作为一个局外人，听着店员讨论一些话题，却没有办法参与到他们的讨论之中。这个时候，你首先要做的是注意倾听，看看他们是在聊什么样的话题。如果你不懂，你就听，保持微笑，如果你懂，你就参与到中间去。

其次，我们要利用“同理心”来制造聊天的话题，拉近和客户的距离，比如：

（1）同姓。同姓有缘啊，五百年前是一家啊。

（2）同学或校友，可以聊聊学校里的那些事。

（3）同乡。老乡见老乡，两眼泪汪汪，再加上几句乡音，这乡情立马就出来了。

（4）同经历。店员在讨论学车的话题，觉得学车难，有很多的灰色地带。碰巧，你刚学完驾照，有学车的经验，你就可以像老师傅一样教他们注意学车的一些技巧，还可以分享学车中的乐趣和辛酸的事情。大家也很乐意和有经验的人聊天，这样你就融入其中了。

（5）同爱好。某店员谈论出去旅游的地方，碰巧是他要去的地方，你去过。你也可以和他们聊聊旅游攻略，旅游当中应该注意的一些问题，给他一些合理的建议。我想，这个内容店员也是愿意和你交流的。

（6）同关注。比如你们两个身材都比较胖，大家可以一起交流减肥的经验，等等。重要的是要细心观察，见缝插针。

在这一点上，大家一定要注意，不要不懂装懂。如果你不懂，你就当一个安静的聆听者，最后送上一句“听了您讲的东西，受益匪浅”。不懂装懂、瞎说，最后肯定得不到一个好脸色。

2. 关心药店的生意，传播最新的医药资讯

药店的店员和经理很少有时间去关注医药行业的最新资讯，而如果我们了解最新医药资讯，尤其是关系零售药店发展的内容，对他们来说都是津津乐道的新闻，也就有了和店员聊天的谈资，我想他们是很乐意听你说的。

那么问题来了，我们到哪里去搜集这些资讯呢？在移动互联时代，来源就非常广泛了，你可以通过微博、微信公众号等形式获取信息。这些平台每天都会有推送，你只需要利用坐车的时间，就可以了解到。比如近段时间可以和药店的人员讲一讲国家关于中医药发展的规划，允许中医坐堂，这对药店来说是绝对利好的消息，可以供药店的老板根据自己药店的实际情况采用。

比如银杏叶事件，提醒广大的医药销售者，低价竞争的背后是产品质量的严重下降，也充分说明了一分钱一分货。

比如告诉药店如何获取更多的会员、如何激活休眠会员，我相信他们都会感兴趣，因为没有人会对自己挣钱的买卖不感兴趣的，每个老板都愿意和关心他生意的人交流。

3. 化解店员难处，让他佩服你

提到这个话题，有的代表会说，我哪能化解他们的难处。其实不然，店员在卖药的过程中，陷入被消费者刁难而不知道怎么解围的时候，你帮上一两句话，让这单成交，店员一定会对你刮目相看。因为我们成天在药店里泡着，见识过各种各样的店员卖药，他们的每一个案例，我们在日后都可能有用处。

比如，某日拜访药店，有个消费者在那里纠结要不要买这家药店的玫瑰花茶，说超市的比药店便宜得多。店员也无言以对，准备放弃的时候，我说：“大姐，我跟你说，这个药店卖的玫瑰花茶和超市卖的不一样。”

大姐说：“怎么不一样，不都是玫瑰花茶吗？”

我说：“是的，都是玫瑰花茶，但是药店卖的玫瑰花茶是按照药品的生产标准生产的，而超市的玫瑰花茶是按照食品的生产标准生产。您放心，‘一分钱一分货’这句话肯定是不会错的。”

说完，大姐欣然接受了，高高兴兴买了。店员也很开心，并说以后都可以用这一套话术来销售别的花茶了。

这就要求我们在平时的拜访中，一定要善于观察、善于感悟，这样我们就可以把这个药店的案例带到别的药店中去讲，让我们有更多的聊天话题。

4. 独到的时政评论

记得我最开始跑店的时候，也不知道和大家聊什么，没有话题可聊，所以我每天买一份《京华时报》看。报纸上总有一些重大新闻，在这个缺乏独立思考，人云亦云的时代，如果我们能有一些独到的见解，我相信店员也是很愿意听你侃的。

但一定要注意的是，不要把自己搞成愤青的形象，这样也很招店员的反感。我们注重的是共同聊天的这个氛围，以倾听为主，而不是你一个人的独自表演。不要去反驳或者钻牛角尖，制造不好的氛围，不要谈论关于民族、宗教等比较敏感的话题。

不知道聊什么是很多销售代表的痛苦之处。这个痛苦的来源：第一，自己平时不爱学习。学习有两种，一是读书，二是学人。你一样都不学，肚子里面没有货，自然就聊不出东西。第二，平时不爱收集素材。药店的老板和店员其实都是非常希望我们去拜访他们的，可以了解其他药店和店员是怎么卖药的，因为我们的客户多，每天了解的药店很多啊！但是，很多销售代表不注意收集，所以把这个资源白白浪费掉了！

很多代表进店不受欢迎，不受待见，是因为他们的目标性太强。一进店，药店的老板和店员就觉得这个人不是来压货或者多卖货的就是来收钱的。你没有价值，自然就没有人愿意和你聊天。多关注他们的生意、多关心他们的生活，你的业务水平会提升很快，你想要的也会不请自来！

总之，要想聊好天，我们就要做一个爱学习的销售代表，要不断地丰富我们“聊天素材库”。要通过学习，还要在日常拜访中多留意、多感悟。在跑店的过程中，我们掌握一些技巧，也不要刻意地去做这些事情。在日常拜访中，抓准机会，顺水推舟地传递这些内容，就能取得很好的结果。但我要告诉大家的是，聊天归聊天，永远可不要忘了销量的事情！

第二计

围魏救赵

【原典】共敌不如分敌，敌阳不如敌阴。

【释义】进攻兵力集中、实力强大的敌军，不如使强大的敌军分散减弱了再攻击。攻击敌军的强盛部位，不如攻击敌军的薄弱部分来得有效。

【OTC 销售浅解】在 OTC 销售中用到此计，主要体现在用我们有优势的方面来攻击竞争对手薄弱的一面，比如用我们产品的优势卖点来拦截竞品，用良好的客情来拦截品牌产品。

当和老板谈业务遇到瓶颈时，我们可以从店员、店长身上下功夫来寻求突破。做好充分的市场调查，为我们在业务谈判中提供有力的证据。

谈判中，我们要了解客户的真实需求或者“痛点“，一举攻破。在谈到药店利润这一块，我们可以避重就轻，该谈扣率谈扣率，该谈差价谈差价。

【销售案例】

案例 1　巧妙比喻赢合作

在开发 LT 的过程中，友惠堂大药房的王总一直拒绝合作。理由是，虽然产品是品牌厂家生产的，但是现在没有广告支持，没有临床带动，并且我们却以七五折扣供货，较高的零售价也会为推荐带来困难。最后总结就一句话：“不要！还不如卖坤宝丸。”

我说：“王总，在商言商，我们就抛开产品的治疗效果的区别不谈，就利润而言，一盒坤宝丸你零售才卖 12 元，并且是流通产品，你还不敢卖高价，还要用它打价格战。抛开这些不谈，就算你这盒药是捡回来的，也就挣 12 元。

但是，我们 LT 这个产品，虽然供货价贵，核算完促销政策之后，您一盒有 20 元的利润。虽然推荐在价格上有困难，但毕竟药品是特殊的商品，消费者买药一定不是为了图便宜，而是为了治病，治疗效果才是硬道理。再说了，咱们药店又不是红十字会，高额的房租和人员工资要支付吧，靠十几元的东西，您支撑也很难吧？一个品牌的高毛利产品，舍它取谁?”

王总立马笑着说：“我的药可不是捡回来的，你可别瞎说。行啦，你分析的也有道理，先进 20 盒销销看!”

我也笑着回应道："没有，就是打个比方，话糙理不糙，道理就是这样，您想想也会认同我的观点的。"

这个故事是我经常在产品进场讲给单体药店听的。他们总是希望零售价低点，因为零售价低可以减少推荐的阻力，似乎零售价是影响产品销售的主要因素，但是，他们又希望利润空间大。这个事儿就难了，一个零售价 10 元的药，利润空间再大，能大过 10 元？所以，我们用这个比喻，晓之以理、动之以情，来达到合作的目的。

案例 2　用客情来化解品牌的劣势

在操作 KS 这个产品的时候，充分调查了市场主要竞品的销售情况。

一方面 XMS 主要是依靠媒体电视广告来带动销售，而 BFKS 主要是多年来的医院处方产品，走方的情况严重，虽然利润空间小，由于有人点着要，为了稳定客户，所以只好硬着头皮卖，但店员是绝对不会主动去推荐这两个产品的。

另一方面，这两个产品几乎没有终端队伍去维护客情，完全依靠的是自然流。

抓住这一竞品的薄弱环节，我公司采取以下策略：

（1）保证药店的合理利润空间。药店没有钱赚，打死他也不会主动推荐的。

（2）给予店员销售奖励。要想店员卖你的产品，那么店员卖药的压力和动力的问题你至少解决一个。要不然，你的产品销量就只好靠天收了，靠天收的结果就是卖多少算多少了。

（3）拿出费用来给业务员用于客情维护。光说不练假把式，你说销售代表们每次都是空着手干跑，不带点礼品，想建立起客情困难还是有点大的。

开展店员培训活动，讲解简单的疾病知识和产品知识，比较我公司产品在剂型上的优势所带来的不同治疗效果上，如何形象地传递给消费者，让他们理解深奥的药理知识。

这样一来，再来找 BFKS 和 XMS 的患者，店员都会多上一嘴，都首推我公司的产品。由于我公司的KS确实疗效显著，也慢慢在消费者心中形成了品牌效应。

如果这个医药市场是品牌药的天下，那么小厂家都要死光。如果这个医药市场总是以低价取胜，那么品牌企业都要死光。

但是，就目前而言，大家总算都还活着，至于活得好不好那就另当别论了。产品的销售有产品的因素在里面，但是，最后产品还是要依托人传递给消费者，因为人民群众用药和药品本身之间有信息差，需要店员来解决这个信息差。既然是需要人来解决这个问题，那么人都是带有感情的，客情建设和客情维护就显得非常重要了。你的品牌的不足和利润空间的不足，都有可能用客情来化解掉。

案例3　做店员工作来让产品进场

和君安堂大药房的陈总就合作KS这个产品，谈判多次，未能如愿以偿进场。陈总刚开始以没有品牌、不是医院临床带动产品、没有广告支持及较高的供货价等理由拒绝进货。多次沟通之后，陈总的主要顾虑在于对产品的销售信心不足，怕一旦进货之后，产品滞销。

某日拜访，碰巧陈总不在，就和药店的店员聊了起来。混熟了就请他们喝饮料，并且跟他们聊了一下KS的产品知识。有个店员曾经在某连锁药店里卖过，说消费者反映疗效不错。说到这里，我也就开门见山了，说往后要是产品进店了，就会有促销费和小礼品来协助销售，明天我再和陈总谈产品的时候，你们附和一下，说之前卖过KS，消费者反馈很好。店员满口答应了。

第二天再跟陈总谈，我也就有了底气。我说："您这里的店员之前在某连锁卖过我们的KS，销售的真实情况您可以问问他们。我也不要您进很多产品，初次进货只要求5盒，一个月之内卖不掉，我全部买走！希望给大家一个合作的机会!"陈总问了店员，店员按我的说法说了，产品顺利进入了药店，加上促销政策，产品有了很好的销售。

其实在很多时候，包括连锁药店的采购，经常会就采购的产品咨询各门店店长，所以，大家有的时候可以先把门店的店长工作做好，这样再找总部合作就轻松了很多。当然，有些连锁也会有这样的考核，就是购进的产品会分配到门店。如果门店卖不出去，就会有门店来承担产品过效期产生的损失。

有的店长不愿意引进新品，这个时候，我们就要告诉店长，这个产品怎么卖出去的问题。总结起来，就是围绕“市场有需求，药店有利润，患者能治病”的这几个层面解读。再说具体点，就是告诉店长，来药店说什么症状的人可以吃，来买什么药的人可以联合用药或者拦截推荐。如果消费者不能接受，你用什么样的话术来解决。解决了其卖药的困难，自然就敢建议公司采购了。

【借题发挥】

如何提炼药品的卖点

我们的 OTC 代表跑店的时候经常听到药店采购负责人的一句话是：“你们的药品没有特点，这一类的药品我们很多。”可事实真的如此吗？我们的药品真的是没有特点吗？药品的特点也就是药品的卖点。

药品的卖点其实就是与其他药品的差异性，没有比较就没有特点。适当提炼药品的卖点，并对其加以突出和强化，可使药品销售业绩脱颖而出，并在销售过程中，使品牌和公司的形象得到升华，使药品在激烈地竞争中立于不败之地。那么如何提炼药品的卖点呢？

1. 组方独特

现在的很多中成药都来源于民族药，尤其是藏药和苗药。民族药疗效确切、安全性高，在市场上得到了消费者的认可，这是一大特色。还有一部分药来自于传世名方，经过上百年甚至几千年的传承，其安全性和疗效在历史的长河里已得到认可。我们可以从以上两个方面挖掘特色。

清火养元胶囊是经典苗药，生津祛火，实火、虚火都能祛，起效快、疗效好。

参芪健胃颗粒组方来源于汉代医圣张仲景《伤寒杂病论》中的经典方剂“黄芪建中汤”，疗效显著、安全性高。

小青龙合剂源于东汉时期医圣张仲景《伤寒论》中的小青龙汤，经现代科学技术提取精制而成，具有解表化饮，止咳平喘之功效。

2. 成分独特

如果某药品的某成分具有独特性，在治疗效果上起重要作用，这也是此药区别于其他药品的一个重要特点。尤其是民族药的一些成分是属于少数民族地区特有的药材，更有说服力。

清火养元胶囊所含的“土大黄”是贵州特有的道地药材，在泻火方面比大黄、石膏等药材温和，不会导致脾胃不好的人出现拉肚子的现象，清火而不伤元气。

敖东牌鹿胎颗粒所含的鹿胎是来自东北梅花鹿鹿胎，而其他鹿胎膏的鹿胎，来自于马鹿的鹿胎，其药用价值和治疗效果是不一样的。

3. 独特剂型

剂型不一样直接影响药物吸收和生物利用度，也直接影响药品的起效时间和疗效。

苦参凝胶采用卡波姆剂型的凝胶剂，能够直达病灶，起效快、药效持久、生物利用度高。

丹媚（左炔诺孕酮肠溶片）乃肠溶吸收，不在胃溶，不用担心呕吐，不用反复补服，一片轻松避孕，比普通的胃溶片紧急避孕药更有效、更安全、更方便。

修正牌六味地黄胶囊：以前吃一把，现在吃一粒。

药物的剂型对疗效的影响（每种剂型的优缺点请大家自己搜索）：

同一药物剂型不同，药物的作用也不同；

同一药物剂型不同，其作用的快慢、强度、持续时间则不同；

同一药物剂型不同，其副作用、毒性则不同；

同一药物剂型相同，由于处方组成及制备工艺不同，表现也不同。

其实，每种剂型都会有它的优势和劣势。只不过我们研究完产品之后，多说这个剂型的优势而规避这个产品的劣势而已。

斯达舒分散片的特点有：

吸收更迅速。具有速崩、速效的优势，3 分钟内完全崩解，提高了药物吸收速度。普通片剂或胶囊剂存在崩解速度慢的缺点，对药物的吸收有一定的影响。

服用更方便。崩解速度快，放入水中可分散成均匀的混悬液，适合老、幼及吞咽困难的病人服用。普通片剂、胶囊剂的体积较大，或一次需服用多片，需用水冲服，服用不方便。

治疗更高效。在崩解的过程中，逐渐形成均一的混悬液，吸收较快、充分，可提高药物的生物利用度。普通片剂、胶囊剂经口服后，由于胃内环境的影响，可能导致药物分散后有效成分不均一，不能达到最高利用度。

4. 药品作用机理独特

针对同一种病症，不同的药品作用机理，带来的治疗效果也是不一样的。有的药品是针对病症，而有的药品是针对病因。比如治疗尿路感染，有的药品是通过温补肾阳，提高机体免疫力来达到治疗效果；而有的药品是通过消炎杀菌来达到治疗效果，解除病症。

步长脑心通胶囊，心脑同治显神通。

排毒养元胶囊：排除毒素，一身轻松。

吗丁啉：增强胃动力，请吗丁啉帮忙。

康必得治感冒，中西药结合疗效好。

5. 制造工艺先进

同一剂型，厂家不一样，生产线的状况不一样，制造工艺不一样，生产出来的药品的疗效差异很大。

辅仁牌益母颗粒采用超细粉碎技术，把药材粉碎到60微米以下，既能够大幅度提高有效成分的浓度，而且溶后无杂质、无沉淀、无糊状物，人体肠黏膜更容易吸收，提升了药品疗效。

中智“破壁”系列中药的广告语为：“中药破壁，想喝就冲。”

6. 道地药材

道地药材所生产出来的药品质量更高，疗效更确切。

河南宛西六味地黄丸：药材好，药才好。

7. 品牌的力量

品牌意味着药品的质量高、安全性高、疗效显著，店员在推荐的过程中提及这个厂家，消费者更容易接受。

吴太感康：大品牌，值得信赖。

迪巧钙系列：美国补钙专家。

8. 药品本身的领先性

专利药品，独家品种代表着药品的领先性。这些药品在治疗效果上都得到了临床的验证，比如万艾可等。

9. 直点病症、功效

这种方法是为绝大多数厂家所使用的。简单、明了、好记，容易形成销售习惯。

莲花清瘟胶囊：治感冒，防流感。

清喉利咽颗粒：慢性咽炎就用慢严舒柠。

江中健胃消食片：肚子胀、不消化，饭后嚼一嚼。

实战中，我们提炼药品的卖点，要注意以下事项：

（1）卖点的数量不宜太多，三点就好。卖点多了，反而没有了卖点。

（2）卖点一定要突出，要尽可能包含药品的名称等信息，不要喊了半天不知道说的是什么药。

（3）不能违背法律和道德，无中生有，虚构卖点或夸大用药范围，忽视不良反应。

（4）尽可能口语化，通俗易懂，简单好记。

（5）一旦确立，就不要轻易改变。重复，重复，再重复，反复跟店员讲，直到药品在他们心中生根发芽。只要对症首推你的药品，请相信重复的力量！

在这里我要强调的是，你的产品“卖点”一定要和消费者的“买点”相吻合。因为消费者要的是能快速解决问题，要的是治疗效果，至于药品为什么有这个效果，消费者一般不会太在意，就算在意他也不一定能懂。

但是我们为什么又要提炼产品的卖点呢？因为精通产品知识是我们销售代表推广产品和营业员推荐产品的信心来源。只有对产品充分了解，我们才有信心推广和推荐，才敢推广和推荐！

第三计

借刀杀人

【原典】敌已明，友未定，引友杀敌，不自出力，以《损》推演。

【释义】敌人的情况已经明了，友方的态度尚未确定。利用友方的力量去消灭敌人，自己不需要付出什么力量。这是从《损》卦推演出的计策。

【OTC 销售浅解】在 OTC 销售中用到此计，主要体现“借”字。我们可以通过借品牌产品联合用药来销售我们的产品。在目前人们用药意识不断提高的当下，我不太赞成过多地运用销售拦截，而赞同通过联合用药和关联用药来提高客户单价和药店的销售额，不伤客又盈利，一举两得！我们可以借用成熟的商业渠道来铺货，可以借用别人的销售队伍来销售我们的产品，可以借用一切力量来为销售服务，为最终提高产品销量服务。

【销售案例】

案例 1　巧借案例促合作

在业务谈判中，我们如果能熟练地引用成功案例或者样板药店（样板市场）来作为案例，既能够给客户传递销售信心，也能够为促成业务合作帮上大忙。

和 XLX 连锁的谈判一直僵持了很长时间，由于我们的产品是新品刚上市，竞争的品种也多，既不是品牌厂家也不是品牌产品，供货价也不是特别低，这样就为业务的开展增加了难题。归根到底，我觉得还是 XLX 连锁的采购经理对我公司产品的未来销售前景不看好，没有销售信心。

抓到问题的根源所在，我觉得我要弄点东西给他传递销售信心。因为特殊的关系，我们和 JKR 连锁的合作相当成熟，并且产品的销量也非常可观。于是，我把与 JKR 连锁合作的销售合同全部复印了一遍，由于给连锁的品规和供货价是一致的，所以也没有很顾忌。

我再次带着 JKR 销售合同的复印件来到马总的办公室，说道：“马总，就这个产品和您已经沟通 4 次了，我想最后的问题根源是这样的，在于您对我公司产品的销售前景不看好。碰巧，和您经营模式和规模差不多大小的 JKR 连锁也是我一手操盘的，我今天带来了销售合同，都盖有公章，您看看他们半年内我公司产品的销售量如何。”说完之后，就递了过去。马总看着销售合同，满意地点点头，至此，我们开始了合作之路。

其实销售中的绝大多数问题的根源就在于对产品销售前景的担忧，因为我们跟客户的共同点都在于希望产品能够卖出去，只有产品卖出去双方才可能真正获得利润。基于这个共同点，那么我们要给客户传递信心。

传递信心的最好办法就是讲故事，你和药店是怎么做的：列数据，目前做到一个什么样的情况，未来会是什么样的；拿证据，用什么证明你说的是真的，这个时候，销售合同、销售流向、店员教育的图片、促销活动的图片，甚至店员晒的销售清单，都是有利的证据！所以，销售中我们要借助好这些“刀”来为销售服务！

案例2　巧借品牌药搭销

儿科用药在药店的推广一直是比较难的，主要在于父母对儿科药的选择都比较慎重。

据调查，在药房的儿科药销售比较好的，一般是两种情况的产品：

一是医院临床产品，在医院开一次之后，家长会在药房重复购买。比如蒲地蓝消炎口服液、蓝芩口服液等。

二是品牌产品，这里所谓的品牌产品就是广告产品，广告影响到小孩子的父母，引导消费。比如优卡丹、小儿肺热咳喘口服液等。

我公司推广的HZH是主要针对小孩退热的一个产品，一直以来虽有临床带动，但是比较局限。在终端推广的过程中，由于儿科用药比较挑剔，所以一直不见起色。

在参加完医院科室会议之后，和医院的大夫交流后得知，目前市场上比较畅销的美林和泰诺的用药有一定的弊端，比如退热会反复，原因在于它们主要通过控制体温神经来调节小孩体温，药效过后，会反复。所以我们建议，高烧超过38.5度以上的，在吃完美林或泰诺以后，隔半个小时服用HZH，这样标本兼治，较好地解决了小孩反复发热的毛病。

于是，推广方案出来了，在终端药店，只要有购买美林和泰诺的消费者，我们的店员就会提到反复发热的问题，推荐联合用药HZH。这样，借助美林和泰诺的名气，我们的HZH的销量日渐转好，最后取得了区域市场的突破。

这个案例告诉我们，精通产品知识是我们销售提量的关键。现在的销售人员过多地在意运用销售技巧争取促销资源和促销费用，而忽视了药品销售的基本功——产品知识及产品相关知识，毕竟药品是特殊的商品。借助产品知识这把“刀”上量，是最科学也是最省钱的方式。

案例3　巧借培训增加新品

开展店员培训，一方面是要药店店员了解在销售的现有产品，另一方面也是让其在联合用药的培训当中增加新品。

在新概念大药房的培训中，讲到牙痛用药，很多店员反映，按目前的销售办法，很多消费者反映治疗的效果不好。

于是，我对他们进行了牙痛的病理知识培训。牙痛分为两种，第一种是上火（主要是胃火）引起的牙痛（俗称火牙）；第二种是神经性牙痛（主要是牙髓受到了厌氧菌的感染）。

至此，我们在消费者主诉牙痛的时候，要问清两个问题：第一，最近有没有吃辛辣食物，有没有伴有口臭、便秘的症状（判断是否是火牙）；第二，牙齿有没有破损，有没有虫牙、龋齿或者拔牙等情况（判断是否受到厌氧菌感染）。

如果是火牙就用清胃火的药，比如黄连上清片、栀子金花丸、齿痛消炎灵颗粒；如果是神经性牙痛，就用人工牛黄甲硝唑、蜂胶牙痛酊。但要注意一点，在治疗神经性牙痛的时候，局部用药的效果要大于口服用药，因为甲硝唑直达病灶，能快速杀死厌氧菌止痛。

说到这里，虽然我们的齿痛消炎灵颗粒在卖，但是蜂胶牙痛酊此药店没有这个品种。由于蜂胶牙痛酊在联合用药中起关键的作用，于是药店老板当场就要报计划，引进新品。

业务员也感慨道，平时要是新加品种很不好说话，用一场培训活动就让老板主动进这么多产品。

借助店员培训这把“刀”导入新产品，可谓“润物细无声”，关键是新品一导入，就很好地解决了产品怎么卖的问题。

【借题发挥】

借客情，提销量

俗话说，没有利益就没有客情，没有客情就没有首推，没有首推就没有销量。而要想提升产品销量，医药代表就必须学会用行动去感动客户，因为只有感动客户，才有望加深他们对我们医药代表的印象，顺利上量。

1. 勤奋至上

都说拜访量是医药代表的生命线，没有一定的拜访量就没有销售量。所以，医药代表需根据客户的分级和客情的进展情况去制订拜访计划，按时按量地拜访，以最短的时间令彼此熟悉。只有双方相互了解了，销量才能好起来。

如医药代表小刘负责某连锁第88药店的业务，货物铺进去以后销售一直不好。但小刘坚持每隔一天就去拜访一次，了解药店的销售情况。因为去的次数多，和店员也就熟识了起来，而也正因如此，其产品的销量最终得到了提升。

后来，随访时小刘与药店李经理聊到相关产品。李经理说："其实医药代表的工作并不难做，只要你们经常来，我们自然会对你们的产品形成印象，时间久了，也就会去推荐了。因为医药代表每次拜访都会拜托我们店员多推荐，久而久之，不推荐我们也会不好意思。"

因此，勤奋、经常拜访是关键。当医药代表对该药店认真的时候，别人自然也对你的产品认真。

2. 专业动人

现在常常能听到一句话叫"专业的事交给专业的人去办"。作为一名医药代表，我们扪心自问：对自己的"产品"，你足够"专业"吗?

在谈判之前，有真正了解同类产品的药品结构吗?

能用三句话说出自己的产品与其他产品的不同吗?

能用一分钟的时间打动人吗?

如果你对这些问题还存迟疑，就说明你的表现还不够专业，显然也难以打动客户。因为，每个人都想和专业的人打交道。

笔者曾在某连锁药店谈一些产品入场，在其采购想购进某产品时说道："张经理，您要采购的该产品我个人认为没有合作的必要。因为您的店里已经有三款同类的产品了，并且在价位段和品牌上都有了一定的区分，再加上其中一款早已在店员那里形成了一定的销售惯性，再采购我的这款产品，届时销量将很难达到我最终的预期。所以，您还是来看看其他几个产品怎么合作吧？"

随后，笔者又将另外的产品与张经理在价位、品牌、对药店的贡献值等方面进行了专业的分析。在分析完后，采购经理立刻答应了合作事宜。

3. 知识助力

在适当的时候，医药代表用自己的知识也能为做好客情提供力量。在一些地区或者一些药店，由于店员本身的专业素质不强，导致被部分"聪明"顾客的问题绊住了手脚。若医药代表能用相关知识帮助店员解决此类困扰，势必会博得店员好感，客情关系也将迅速升温。

例如，笔者前段时间到江汉区某药店拜访李老师、张老师，在和李老师聊天时询问了一下我们公司药品的销售情况。李老师如实回答，部分产品不够理想。笔者追询原因，李老师说："因为对该产品的药效和用法并不了解，以至于难以答复客户的提问。"

于是，笔者立马利用现场在询问该产品的消费者给他做了示范："您孩子这种白天不咳晚上咳的症状，就是典型的阴虚火旺，是否还伴随着口干、小便发黄等症状？"那位消费者说都有，笔者就顺势向她推荐了一支糖浆，并叮嘱她注意小孩的饮食。说完，那位消费者欣然接受了笔者的推荐。

在客人走后，李老师很高兴，然后问到笔者是否学习过相关医药知识？笔者说，这种症状以前在公司培训的时候经理讲过，可以将那些学习笔记借给他。通过此次经历，笔者和李老师的客情关系也得到了进一步提升。

4. 经历感人

自己不平凡的经历、成长中的故事，讲出来，也可以让客户相信你、佩服你，并愿意和你合作。和客户相同的经历总是能很容易让彼此打开话匣子，相同的感受能让两个人快速建立密切的关系。比如，大家都到过某个地方旅游，或者是老乡、校友，或者给药店老板的小孩在学习、工作、择业上给一些建议等。

如笔者在和惠美康药房建立客情的时候，就是用自己不一样的经历感动了老板黄姐。

某天拜访，黄姐说："你和别的医药代表不一样。"我扑哧一笑："怎么不一样啦?"黄姐说："感觉你是一个有故事的人。"于是，我和她聊起了在北京的生活，以及为什么去北京，如何在北京干了三年在武汉买房的，又为什么回武汉发展等。

在这些故事中，包含了我之前是如何跟药店合作的，药店的老板为什么那么相信我等，也是为了树立我诚实守信的形象。如今作为经理每次协访，大家仍旧像老朋友一样聊得开。

同时，在用经历感动客户的同时，做好服务也是十分必要的。因为销售竞争到最后，往往比的都是服务。药店比的是药事服务，销售比的是销售服务，周到细致快捷的服务能够让客户满意。如果客户满意了你的服务，药品的销量也会让你满意。

像笔者多次与某药店老板谈到为什么不愿意和某厂家合作的话题，在询问其原因时，该老板解释道："某产品在季节到来时销量不错，跟医药代表要货，结果那名医药代表表示要么直接采购 100 盒，要么就不送，说药店太远，送了又不挣钱，过几天再送。结果，苦等一周后，那名医药代表才联系送药。"从这一服务态度中就不难看出，该医药代表明显不够尊重他人，以至于失去了一个客户。

5. 关爱示人

医药代表若关心客户，客户就会关心你的销量。关心客户表现在很多方面，比如，关心客户孩子的学习工作情况，关心客户的药店发展情况，关心店员的工作情况等。找一个合适的机会切入进去，医药代表就有可能走进客户的心里。

如全安康大药房是医药代表小蓝的一个重要客户。某日拜访得知，店长项姐有孕在身，但是由于工作的需要，经常会去其他店铺调货或其他药店过来调货需要送货的情况。小蓝得知此事后跟项姐说："您现在身体不方便，以后要送货什么的您直接跟我说一声，我有电动车，也就在这附近的区域跑店，我去给您办。"之后，药店的工作基本就是小蓝在帮忙处理，而由于频繁和两个药店来往，加上项姐的店长作用，小蓝的产品销量也迅速提高。

维护客情，感动客户的方法其实远远不止上述几种。但无论采用什么办法，都需要医药代表有一定的拜访量，因为只有在拜访中，医药代表才能发现维护客情的机会，才有机会去感动客户，加深自己在客户心中的印象，走进客户的心中，最终提高产品销量。

第四计

以逸待劳

【原典】困敌之势，不以敌，损刚益柔。

【释义】要使敌人处于困难的境地，不是直接出兵攻打，而是采取“损刚益柔”的办法，令敌由盛转衰，由强变弱。

【OTC 销售浅解】在 OTC 销售中用到此计，主要体现在我们在销售中要使用销售技巧，要用最省力的办法去做销售，不要白白地消耗自己的精力。与其费力地追着客户推销，不如启发客户的兴趣，以逸待劳，销售效果就会大不一样。在销售时机不成熟的时候，我们要学会等待，不要急功近利。

【销售案例】

案例 1　激发好奇心，赢得大合作

好奇心是人类的天性，在销售过程中如果能利用好好奇心，启发客户兴趣，再谈产品的优势，进而转入到合作的环节之中。

小刘是某著名控销企业的业务员，在开发全安堂的过程中，前几次的谈判并不是顺利。老板总是以目前的产品结构和利润空间都很合理，等以后有机会的时候再通知他为由，不愿意再次引进新品，连进一步深谈的机会都不给。做销售的人都知道，这样的说辞只是委婉的拒绝而已。

突然有一天，小刘找到了全安堂的老板朱总说：“你跟我合作，我可以让你提高 25% 的利润！”这一说，朱总先是一愣，然后哈哈笑了起来，提高 25% 的利润？听起来就是天方夜谭！小刘说：“这不是闹着玩儿的，我跟你说说看，怎么做到！”

“第一，我们是品牌企业，在推荐的过程中阻力比较小；第二，我们底价供货，在很多品类上降低了您现有产品的成本价；第三，我们开展店员培训，提高店员的销售技能，其他产品的销售也会增加；第四，我们开展促销活动，大规模的促销活动不仅能短时间增加销售额，还能够给您的药店积攒大量的会员。”

说着，拿出了一张表格，里面是某药店与其合作后，药店销售改观的各种数据指标。

这一下朱总动了心，开始了更为详细的谈判流程，最终确定了合作

计划。

当你没有技巧时，你就和市场上80%的销售代表是一样的。你们开口讲一样的话，做一样的行为动作，所以收获一样的结果。那么，要想与众不同，必须独辟蹊径。俗话说，最难搞定的客户是那些不开口说话的客户，所以，如何利用好奇心，如何让他开口并乐于交谈是我们要寻找并学习的技巧!

案例2 利用“250定律”开发新客户

世界最著名推销员乔·吉拉德在商战中总结出了“250定律”。他认为每一位顾客身后，大约有250名亲朋好友。如果您赢得了一位顾客的好感，就意味着赢得了250个人的好感；反之，如果你得罪了一名顾客，也就意味着得罪了250名顾客。这一定律有力地论证了“顾客就是上帝”的真谛。由此，我们可以得到如下启示：必须认真对待身边的每一个人，因为每一个人的身后都有一个相对稳定的、数量不小的群体。

延伸到OTC销售中，此定律也好用。细心观察我们会发现：每一个药店老板都不会“孤军奋战”，他们来到这个行业，总会有身边做药店的朋友、亲戚的支持，并且他们有时会组成自己的朋友圈，在这个圈子的人多半都是优秀的药店老板。所以，如果我们服务好一个客户，获得了他的信任，就可以利用他的关系网去开发更多的客户，这也是我们快速开发客户的一个有效办法。

金阳堂是我合作比较久的一个客户。客情关系一直维护得比较出色，除了定期拜访带一些小礼品外，还经常陪他们聊一些比较感兴趣的话题。夏天给他们做进货送电扇的活动，冬天给他们做进货送电暖气的活动，得到了老板张总的支持。

一次在公交车上接到一个陌生人的电话，问我是否有某某产品，说他的药店太安堂也想卖，是金阳堂的老板给的电话号码。这样，我就很顺利地和太安堂药房合作上了。后来得知，该药店老板的舅舅开了一家瑞安堂，也想卖这个产品，让我去谈一下，为此，我联系到了一系列的合作客户。

所以，我们要珍惜每一个客户，服务好他们，因为他们都不是独立的个体，都有自己的圈子。一旦服务好一个客户，我们就可以挖掘他们背后隐藏的更多客户。当然，我们如果没有服务好，那就是“好事不出门，坏事传千里”了。

客户至上，用心服务，让客户推荐新的客户是我验证客情关系的重要指标。

我验证客情关系会通过以下几件事情来检验：一是借钱，看客户借不借，二是我的产品在药店里能否上量，三是看客户是不是愿意给我推荐其他优质客户，四是拿个新产品上架，看客户是否犹豫。有一个否定的，客情关系就没你想象得那么好。

但是，要想通过老客户拓展新客户，一定是建立在你给老客户带来了超出他期望的产品和服务上，所以想“以逸待劳”，先服务好客户。

案例3　小人物也能带来大客户

店员是药店里职位最低的，可如果我们服务好了，他们一样能给我们带来客户。因为，药店的店员总是在这个圈里混，如果他去了别的药店，我们就能很快地和他联系上，为我们的产品服务。

友惠堂的王哥一直是我服务得较好的客户。我见证了他在这个药店从店员做到店长的过程，不管在什么岗位上，我都给他充分的尊重。两人合作的时间长了，也比较紧密了，成了无话不谈的朋友。

后来有一天得知王哥不在友惠堂工作了，当我还在打听王哥去哪里工作的时候，王哥来了电话，说现在在京龙堂工作，做店长，有药品的采购权力。因为对我们的产品比较了解，对产品政策也比较熟悉，加之之前他对我们的产品有两年的销售经验，对产品的治疗效果非常认可，所以我的产品进京龙堂药房没有费吹灰之力。

所以，服务好我们的每一个客户，不管他走到哪里都会把我们的产品带到哪里。这样的药店开发最容易，产品上量也是最快速的。因为彼此之间已经不需要花时间去相互试探。

我们在药房拜访时，最容易忽视的是店员。很多销售代表在拜访客户时，忽视了店员的感受，有的人和老板、店长打得火热却对店员不搭理，从而让店员在无形中对产品产生抵触情绪。先不考虑未来店员会不会为我们提供更多的客户，连当下的产品销售都存在问题！所以，当你拜访完药店离店时，请友好地和每一个店员告别！

【借题发挥】

终端卖药新手，到哪里找客户

很多新代表刚进入这个行业，尤其是开发一个空白的市场，他们不知道去哪里找客户。还有些代表，做了很久，他们还不知道如何快速开发有效客户。这是众多初级业务员都不知道如何处理的问题，我给大家分享几个寻找客户和开发有效客户的心得。

1. 地毯式“扫街”

这是最笨的办法，也是零售代表初期必须经历的。这样做的好处在于，你能够快速了解自己区域里药店的情况及其分布情况，然后各个击破，发展成为自己的客户。地毯式的“扫街”不但让你快速摸清了市场的底，也为你日后制订跑店路线，高效拜访药店提供了参考依据。

一定要注意做好“扫街”的记录，首先是药店的所处位置，和最近的公交车站，有多少路公交经过这里，都要有记录，免得下次去，药店在哪里都不知道。对于个体单店和组合药店，老板在店里，就要问他一共有几家药店，进行业务谈判；老板不在的时候，要多和药店店员沟通，看看怎么做才能最大限度地提高首推概率。通过药品的陈列情况（包括陈列位置、陈列面、有没有灰尘、陈列产品的批号如何）来了解药店的产品结构以及与产品相关的竞品情况，尽可能多掌握药店信息，为以后的进店谈判和上量做准备。

对于连锁药店的门店，要问清楚这个店是加盟店还是直营店，加盟店老板在不在，方法参考个体单店；直营店就要了解总部在哪里、采购负责人是谁、店里的首推产品是如何规定的。观察店里的产品结构和竞品情况，看看标签有没有不一样的地方（特殊的标记可能决定产品的推荐级别），为以后的进店谈判和产品上量做好铺垫。

2. 药店经理或店员推荐

医药零售这个圈子说大不大、说小不小，圈里的人基本都认识。药店经理一般都会参加一些厂家组织的联谊活动，很多连锁药店的职业经理人和个体单店的老板，可能都会有交流。当你和药店经理的客情关系比较好的时候，可以让他给你推荐一些好的药店。

药店店员也是如此，总是在这个圈里跑来跑去，你可以让他们推荐一些药店，因为他们更了解药店的情况，这对你的开发有好处。比如，“张经理，您好！同济堂安心店的马经理说您的这家药店不错，让我过来跑跑，看这几个优势品种能不能和您合作。”

这个办法的核心在于你要跟他们有良好的客情。

3. 药店老板的推荐

一般来说，药店老板不会孤军奋战，他的亲朋好友里总会有做药店的人，甚至他自己都有好几家药店。并且很多药店老板以前都是在别的药店从事管理工作的，他们很多的老同事也活跃在医药圈，所以他们推荐的有效率是非常高的。客情关系处理得好，可以让其推荐其他药店。见到新客户可以这么说：“张老板，您好！同济堂安心店的张老板向我推荐您的店，有几个产品在他那里卖得不错，看咱们这里能不能合作？”

4. 同行推荐

俗话说：“同行是冤家。”这个方法慎重使用。但是也可以试试，比如见到新客户你就说：“张老板，您好！××药业的小赵说您的这家店不错，我也有几个优势品种，看咱们能不能合作？”

5. 借用商业公司渠道

对于一个空白的市场，我们可能不知道如何下手，我们可以在初期扫街的时候留意商业公司的业务员，和他们搞好关系，跟他们的车配送，并记录药店的地址，然后第二天重新进行二次拜访。

6. 利用当地行政机关的资源

这里主要是通过药监局、卫生协会等机关单位查找药店、卫生室、诊所收集客户资料，或者利用他们的相关会议宣传产品。但采用这种方法，一般是有点人脉资源或者在地方不大的城市，因为这种方式的政策风险比较大。切记不要利用某一领导的名头来进行推广，一方面会招致药店、诊所老板的反感，觉得你利用领导的名头压他，另一方面对领导来说可能也带来负面的影响。

7. 网络渠道

可以通过当地的药监局网站，加入当地的销售代表 QQ 群、药店 QQ 群、微信群等获取相关的资源，或者到达某一区域后利用百度地图、高德地图等来搜索附近的药店。但是要注意的是，这样做不利于你更好地熟悉药店附近的整体情况，也不利于以后的整体规划和拜访，甚至有的人每次去都要靠地图导航！

方法多种多样，重要的是你能够探索一套成功方法并坚持做下去。如果你目前没有好的办法，可以按我的方法做下去，我相信你会有所斩获！

第五计

趁火打劫

【原典】敌之害大，就势取利，刚决柔也。

【释义】敌方遭受大灾难，趁势夺取其利益，即趁敌之危，就势而取胜。

【OTC 销售浅解】在 OTC 销售中用到此计，主要体现在我们在销售中要关注竞争品种的动态。一旦出现产品危机，比如断货、产品召回、产品不良反应、产品效果不好等情况，或者出现信任危机，比如业务员更换，竞品的促销力度降低，业务员与店方或店员发生矛盾等事件，我们要迅速切入进去。在销售中，如果竞争品种强大，我们要学会耐心等待，一旦竞品发生销售失误，我们就乘虚而入，取而代之。

【销售案例】

案例1　乘虚而入

厂商调整产品的促销政策其实是很正常的一件事，但是如果我们的竞品调整了促销政策，我们可以大做文章，让我们的品种进场，取代竞品。

康阳大药房一直是 A 区一个比较大的药房，我们竞品 KFNJ 率先进入这家药房，前期的客情工作做得比较扎实，销量很好，而我们的产品采用跟随政策，因为有部分临床处方，一直处于自然销售。

不料有一天听药店店长说，KFNJ 的业务员已经 3 个月没有兑付促销费用了，并且说要降低费用，这没有兑付的 3 个月的费用都按最新调整的最低标准来兑付。这一下气坏了店长。

我也说道："这不是明显耍人吗？以前你们卖得不好就给高额费用，促使你们销售，现在有量了就降低费用，我觉得不管是公司行为还是业务员的个人行为，都非常不好，都是对你们的不尊重。其实，要说卖哪一家的不是卖。我们的产品临床带动，你们卖过也知道有回头客。他们降低费用之后，还没有我们的促销力度大，以后就主卖我们的产品，我提前支付促销费用，只要报了进货计划，货到店就兑付！"我说得越义愤填膺，效果越好，因为我知道，获得长期稳定合理的利润才是药店想要的，那种"过河拆桥"的行为都是药店所反感的。

看着我这样说，店长和店员也心动了，一致答应主推我的产品，并且立即将产品的陈列位置做了调整。日后，我们的产品也替代了 KFNJ，销量逐渐上涨。当然，承诺的事情我也做到了，没有给竞争对手反扑的机会。

产品好不容易被放到首推的位置上了，所以答应客户的承诺一定要做到，要不然，你会死的比你的竞争对手还惨。说到做到，给客户的服务超过他的想象，才是保障我们产品销售地位的有力武器。

案例 2　对手偷懒，你的机会就来了

我们的阿莫西林胶囊一直没法在康阳大药房销售，因为 XZ 药业的阿莫西林胶囊的品牌和利润空间都比我们的要强，所以，我们一直合作着其他的产品，等待着机会，相信会有深入进去的一天。

一日拜访康阳药房的马总，见他气得脸通红，便问发生了什么事情。马总说道："你们现在的业务员越来越牛了，送了一个星期的货都没有送来，还跟我谈条件。我要把他的货全退掉，看我的药店不卖他的货是不是会垮掉!"询问得知，马总向 XZ 药业的业务员报阿莫西林胶囊的计划，结果业务员迟迟不送，先是扯别的原因，拖了一个星期之后才说，只要 50 盒太少，不愿意送，说要不一次拿 200 盒。这一下，马总就怒了。

我说："碰巧，我们厂家也有阿莫西林胶囊，虽然在品牌和价格上没有 XZ 药业的优势大，但我们的服务周到。其他产品咱们合作两年了，我们的服务您也体验到了，不管要多少钱的货，两天之内送货上门。"

这样，我们的阿莫西林胶囊顺利替换掉了 XZ 药业的。因为阿莫西林胶囊的用量比较大，我们的产品也快速顺利上量，为公司带来了更多的回款。

我们要学会等待机会，一旦对手出现销售失误的时候，就乘虚而入。商业世界，图利是本质，一旦竞争对手损害了客户的切身利益，我们就有机会顶替掉竞争对手。

从这个故事，反观我们自己的销售行为：一是要保证拜访率，没有拜访就没有销售。二是要和客户进行有效沟通。哪怕你对客户的报货数量不

满意，可以尽早和客户取得联系和沟通，要求客户报更多的计划。但是你要准备好销售政策或者苦情戏，要不然客户凭什么多进产品？三是不能挑客，俗话说，你的销售之路开始走下坡路中很重要的一条就是“挑客户”。当你主动放弃不做时，最开心的是你的竞争对手，因为大家在后面虎视眈眈已经很久了。

案例3　对手换销售代表，我渗透产品

OTC代表的流动性是比较大的，有时候，竞争对手销售代表的离职，对我们来说也是有乘虚而入机会的。

我们企业和DK药业都是做普药的企业，说实话，两个厂商的产品都非常接近，在价格上的区别也不大。但是由于牛哥是老业务员，在这个区域做的时间也比较久，加上牛哥也是一个舍得投入的人，客情关系也做得不错，所以在这个区域的很多客户中，我们公司的产品销售都比较弱，只能吃点残羹剩饭。

突然有一天机会来了，在拜访药店的时候，见牛哥在交接药店，说因公司的发展需要，把他调到其他地级市去做销售经理，把药店交接给一个新的业务员。这样，我感觉我的机会来了，因为新业务的工作能力一般比较弱，再加上爱偷懒和自信心不足，不爱拜访药店，这样一来，我就可以借机把我的产品渗透进去。

由于新交接的代表拜访客户老受挫，销售信心急剧下降，加上公司的管理比较松散，经常很长时间都不去拜访这些老客户，也不会高效地拜访客户，所以，他们的产品渐渐在客户心中淡化掉。我勤快地跑着，看到某一产品断货，就让其进我们家的产品，还跟上一句：“那个厂家的业务员干没干还是个问题，这么不稳定，还不如从我们这里进货，供货稳定，销售也稳定。”于是，我的产品在药店的销售份额渐渐增加，回款额也就增加了。

不管什么时候，我们都不要轻易放弃客户，业务量再小在精力允许的情况下我们也要带着做，等待着翻身的机会。只要不放弃，就还有机会！

你时刻准备，就有把握市场的机会，就有取得销售佳绩的机会！

【借题发挥】

终端代表，如何“趁火打劫”做销售

OTC 终端销售总不会那么如人所愿，我们所有的产品不是都可以做进终端的，尤其是在客户和竞品合作比较愉快的情况下，我们想做进去就更难！但是，难并不是代表就一定没有机会，那么，我们该如何“趁火打劫”做进自己的产品呢？结合自己的工作心得，今天和大家来谈一谈。

1. 当客户对竞品的服务不满意时，我们的机会就来了

我们在终端跑店，当听到客户抱怨说“××产品（我们的竞品）已经报货三天了，业务员还没有送货来”、“好久没有看到××产品的业务员了，不知道还在没在干”、“答应我的赠品到今天还没有送来”、“答应我的返利到目前还没有送来”时，我们的机会就来了。我们可以用我们更好的服务将竞品替换掉，赢得合作的机会。

2. 当竞品断货时，我们的机会就来了

当我们发现竞品断货，不管是什么样的因素，对我们来说，都是“好事”。尤其是同名称的产品，这个时候是进场的最好时机，并且，我们要学会利用政策压货，尽量不要给竞品反扑的机会！

3. 当竞品的销售人员更换时，我们的机会就来了

很多时候，客户选择和竞品合作不和我们合作，有产品本身的因素，但只占很少的一部分，更多的时候，是客户看重了竞品的业务员这个人！所以，当竞品的销售人员调整时，可能由于新的业务员没有办法跟客户维系好关系，客户不认同这个新的业务员，那么，我们的机会就来了。平日搞好客情，此时，顺水推舟就巩固了自己的客情，并且将产品导入！

4. 当竞品的业务员和客户有矛盾时，我们的机会就来了

长期的合作，难免会出现一些矛盾。聪明的业务员善于化解矛盾，甚至可以利用矛盾，来进一步升华和客户之间的关系。但是，也有笨的业务员，因为不会处理和客户之间的矛盾，导致矛盾升级，双方不欢而散。这样的案例非常多，而正是这样事情的发生，恰好留给了我们机会！

5. 当药店易主时，我们的机会就来了

实战销售中，我们还碰到这种情况，某个药店我们的竞品做得比我们好，可是有一天，药店老板“易主”了。因为新的老板和竞品的业务员并不能“情投意合”，所以深入的合作没有办法延续下去，那么我们的机会来了，借助这样的机会，重新做好这个店！

6. 当竞品的业务员得罪店员时，我们的机会就来了

我们很多业务员的销售工作还是停留在“老板”或者“店长”层面，每次拜访只找老板和店长，在就多聊，不在就撤，甚至有些业务员离店的时候跟店员连招呼都不打，结果“得罪”店员。

殊不知，全国药品零售市场的80%出自医生的那支笔，还有20%出自店员的那张嘴。他们要是不推荐你的产品，你的产品能卖得好吗？毕竟他们是药品销售的最后一个环节啊！所以，我们要重视药店的每一个人，因为每一个人可能都影响着你的产品销售。当店员开始抱怨不喜欢竞品的业务员时，你的机会就来了，让店员喜欢你，你的产品就上量了！

所以，我们坚持拜访药店，用心观察，总能在拜访中寻找到突破口。因为销售是一个动态的过程，只要在“动”，只要我们改变工作方式，那么我们就有机会和客户取得合作。只要竞品留下针孔大的缝，我们就要吹出斗大的风。

第六计

声东击西

【原典】敌志乱萃，不虞，坤下兑上之象，利其不自主而取之。

【释义】敌方遭受大灾难，趁势夺取其利益，即趁敌之危，就势而取胜。

【OTC 销售浅解】在 OTC 销售中用到此计，主要体现在在销售中用我们的专业知识解决销售中出现的问题。

曾经有位老医药代表说，产品知识可以解决销售谈判中的所有问题。药品是特殊商品，是用来治病的。消费者选择药品首先是安全性，然后是疗效，再次是服用的方便性，最后才是价格。

而影响疗效和质量的因素有两个方面：一个是品牌。品牌为产品的质量做背书，品牌效应会让消费者主动来找，更容易接受推荐。另一个是专业的知识。对症下药，才能快速缓解患者的症状。就如我们常说的那样，高毛利药真的就没有效果吗？高毛利药真的就伤客吗？医院那么多高毛利药，为什么医生开药就不伤客，店员卖了就伤客？这就体现在专业性这个方面。如何对症下药？就需要我们销售代表回归医药代表的本职工作，传递最新的医药资讯，指导药品的使用者合理用药。专业知识推广的用意在于合理用药，提高治疗效果，增加产品销量。

【销售案例】

案例 1　合理用药增销量

某日拜访利康大药房，店员张姐反映我的 CT 效果不好，说好多牙痛患者用过之后，并不能快速治好牙痛。我就问张姐：主要把 CT 卖给哪些患者？张姐回答说：“只要患者主诉症状是牙痛，我就给他推荐这个药，帮你推了不少药。但是，有人反映效果不好，我就不敢推荐了。”

我说：“张姐，关于牙痛的病理和药理知识，我想我得跟你讲一下。那些说效果不好的患者，可能是没有对症下药。

牙痛分两种情况，一种是风火牙痛（由于胃火上扬引起的），另一种神经性牙痛（主要是牙髓受到了厌氧菌的感染而引起的牙痛）。风火牙痛不仅有牙痛这个症状，还会伴有口臭、便秘等症状。

如果患者主诉有吃辣的食物，多半是上火引起的牙痛，用我们的 CT 就是对症的。如果是牙齿有破损，包括龋齿、拔牙、断牙等使牙髓受到厌氧菌感染的就要使用甲硝唑类的产品，外用药的效果要比内服的甲硝唑效果好。所以，您以后只要对症给药就会取得好的疗效。”

这件事过后，不但我的专业知识让张姐佩服，而且由于对症下药，张姐也越来越得到顾客的喜欢。

如果你不能有效地回答店员说的“你的产品没有效果”这个问题，你的产品销量就会开始断崖式下落。因为店员卖药的信心多数是来源于消费者的反馈和回头客，当你不能解决这个问题，他误以为你的产品效果不好，就不会再主动推荐。他不主动推荐就算了，还有可能影响到整个药店店员都不敢再主动推荐！所以，碰到这个问题不要回避。

当店员反映产品无效时，从这几个方面来回答：

第一，是否是对症推荐。

第二，是否是按疗程使用。

第三，有没有联合用药来增加治疗效果。

第四，纯销有多少盒。你的纯销不大，自然回头客比较少。另外就是有些产品并不需要长期服用，当解决完治疗问题后，自然患者也不会再次购买，所以没有回头客并不代表产品没有效果。

案例2　产品知识促谈判

销售谈判中的所有问题都可以用产品知识来解答。如果药店采购说同类的竞品太多，我们的产品比同类的价格贵等问题，我们都可以说我们的产品与竞争产品的不同，在治疗的效果上优于同类竞品。

在开发 KSNJ 的过程中，遇到过一个案例。当时开发同安堂，和张经理的谈判一直纠结在价格上。关于治疗阴道炎的外用药，张经理觉得可以用的栓剂和泡腾片很多，我们的产品虽然在剂型上比较新颖，但是在供货价上却高了 20 元，所以不能接受。

在第三次谈判中，我用产品知识获得了张总的信任。KSNJ 为广谱的、纯中药，带有送药器，应用卡波姆技术的凝胶剂，能快速消除各种阴道炎、宫颈糜烂引起的瘙痒、白带异常等症状，是目前较先进、较经济的治疗药物。

广谱：抗菌消炎、抗病毒、抗过敏作用。

纯中药：主要成分是苦参总碱，苦参号称“妇科金药”，含量达90%以上。

送药器：专利产品，特殊给药器，使药物能够直接到达病灶，提高生物利用度。

送药器的特点：

（1）可以准确无误地定量给药。

（2）可以把药物直接送到阴道深处病灶部位。

（3）洁净、卫生，可以避免二次感染。

卡波姆剂型特点：

（1）水溶性分子结构，穿透力强，易清洗。

（2）网状结构，附在黏膜表面，能均匀摊开而且不易脱落。

（3）无异物感，无刺激，无味。

这就区别了栓剂。栓剂是油性的，不易吸收，容易污染衣物且不容易清洗，这样我们的KSNJ就优于其他的产品了。

先进：首个将卡波姆剂型用于阴道给药的产品。

阴道炎分为细菌性阴道炎、霉菌性阴道炎、滴虫性阴道炎、老年性阴道炎和混合性阴道炎，而目前市场上的栓剂和泡腾片多数只针对其中的某一种有效。在没有医生指导和化验检查的情况下，很难判断属于哪一类，而用KSNJ就可以避免不对症的情况。

听着我对病理和药理的到位分析，张总有了试试卖的意愿，并且要求我对他的店员也要进行培训，让店员知道怎么去卖。

产品知识就是推销力。产品技术含量越高，产品知识在销售中的重要性越大！

案例3　花茶试饮促销策略

随着人们生活水平的提高，保健意识越来越强，花茶作为一个新的品类在药店的销售逐渐增长起来。

某药企以中药饮片作为核心产品在第三终端药店销售，但是局面一直打不开，究其原因是其价格相对于竞品来说偏高。但是，由于其产品是品牌厂家生产的，在制造工艺和产品的原材料上与其他小厂家比有绝对的优势，当然其产品质量也比其他产品要好。

厂家正好借助药店店庆日，开展了花茶试饮活动。活动当天，路过药店的群众都可以免费试饮花茶一杯。根据人们的喜好，准备了菊花茶、茉莉花茶、玫瑰花茶、金银花茶等。

一个便宜三个爱，免费的东西就更招人喜欢了。很多人喝完之后，发现其口感比平时在超市买的要好得多，于是就纷纷购买。很快在消费者心目中有了品牌的烙印，回头客也越来越多，由于对其花茶的信赖，在买中药饮片泡酒、炖汤的时候，也考虑这个企业的产品。

效果好不好，试试就知道。膏药试贴、花茶试饮的活动，在药店举行店庆的时候是一个很好的促销时机。当然，产品质量永远是第一位的。

消费者总是难以抵住“免费”的诱惑，所以，在 OTC 营销精耕细作的当下，很多企业甚至是知名企业开始关注消费者的体验，比如云南白药气雾剂和奇正消痛贴都开始在终端开展试喷试贴活动（如图 6 – 1 所示），因为所有的品牌企业都明白，按照“定位”的观点，品牌就是占领消费者的心智，最终的目标还是锁定在我们的消费者身上。所以，当知名企业都在开展终端促销的时候，你若观望，那么你就落后了！

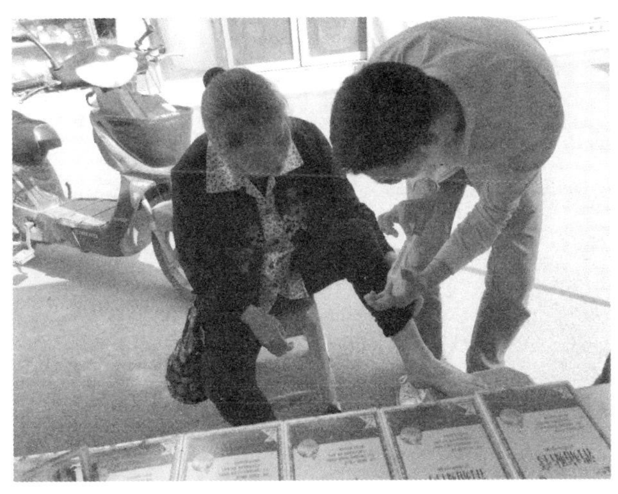

图 6 – 1　奇正消痛贴的免费试贴活动

【借题发挥】

如今，很多联合用药的文章在网上疯传，有的文章只是简单地介绍产品组合。这种联合用药本人并不认同，没有具体的辨证施治，只是简单的产品罗列，只是机械化的联合用药，是不可取的。当我们看到网上有关联合用药的文章时，一定要想办法把我们的产品科学地融合到文章中去，并且将这些文章发给客户看或者给客户讲解！

口腔疾病联合用药

1. 口腔溃疡

常识判断：

多与胃肠功能紊乱、内分泌失调、精神紧张、不良刺激、维生素 B_2 缺乏症、感染等因素有关。多发生在口腔黏膜，一个或数个，局部有烧灼感，疼痛明显，影响说话和进食。

用药原则：

修复溃疡药＋散剂或帖剂＋维生素

一般用药：

清火养元胶囊、西瓜霜含片、口炎清颗粒、维生素 B_2 片、葡萄糖酸锌、口齿健喷剂、栀子金花丸、黄连上清丸、华素片、甲硝唑、外用口腔溃疡膜（醋酸地塞米松粘贴片）、蜂胶口腔贴膜、口腔溃疡含片、冰硼含片、六味地黄丸等。

联合用药：

（1）维生素 B_2＋口炎清颗粒＋西瓜霜含片。

（2）栀子金花丸＋甲硝唑口颊片＋维生素 B_2 片。

（3）栀子金花丸/黄连上清丸＋冰硼含片＋葡萄糖酸锌。

（4）反复性的口腔溃疡，要注意用六味地黄丸等滋阴药物。

建议顾客：

多吃新鲜水果和蔬菜，以清理肠胃，禁食过烫及辛辣的食物刺激或加重病情。

2. 口腔异味

常识判断：

口腔局部和全身许多因素都可以引起口臭，如牙龈炎、牙周炎、慢性鼻炎、鼻窦炎、气管、肺部感染、消化不良、便秘。另外，进食大蒜、饮酒、吸烟也可以造成口臭。

与顾客交流时，发现有口腔异味，就应排除肝肾脏、胃肠、肿瘤等疾病，进而判断为单纯的口腔异味。

用药原则：

清火药＋喷剂或含片＋漱口液

一般用药：

清火养元胶囊、牛黄清胃丸、栀子金花丸、通舒口爽胶囊、清胃黄连丸等。

联合用药：

（1）牛黄清胃丸＋复方氯已定含漱液。

（2）通舒口爽胶囊＋口宝含漱液（或者口齿健喷剂）。

建议顾客：

注意口腔保健，忌食辛辣、油腻、过硬的食物，应进食清淡、微温、易消化的食物，注意细嚼慢咽。

3. 牙痛、厌氧菌感染

常识判断：

（1）许多牙齿及其周围组织的疾患都可引起牙痛，常见原因有蛀牙（龋齿）、牙髓炎和牙根周围炎、牙周炎、三叉神经痛。

（2）胃火引起。

用药原则：

（1）抗厌氧菌感染药＋消炎镇痛药＋抗生素

（2）去胃火药＋喷剂

一般用药：

龋齿宁含片、齿痛消炎灵颗粒、牙周康、人工牛黄甲硝唑、蜂胶牙痛酊、双氯芬酸钠、左氧氟沙星、布洛芬缓释胶囊、黄连上清丸、牛黄解毒丸、阿莫西林分散片、乙酰螺旋霉素等。

联合用药：

（1）人工牛黄甲硝唑+布洛芬缓释胶囊+左氧氟沙星。

（2）替硝唑胶囊+左氧氟沙星+齲齿宁含片。

（3）阿莫西林+牙痛安+黄连上清片+布洛芬。

（4）齿痛消炎灵颗粒+蜂胶牙痛酊。

建议顾客：

用含氟牙膏刷牙，这将有助于牙釉质的矿化。晚餐后，尤其是吃了甜食或粘牙的食物后，应用清水漱口，临睡前不要进食水果和甜食。牙痛发作期间不要吃冷、热、酸、甜的食物，以免加重牙痛。用药物漱口水漱口有助于减少口腔中的细菌。

备注：以上的联合用药方案仅供参考，具体使用，请按说明书使用或者遵医嘱。

第七计

无中生有

【原典】诳也，非诳也，实其所诳也。少阴、太阴、太阳。

【释义】运用假象欺骗对手，但并非一直假下去，而是让对手把假象误以为是真象，并用大大小小的假象去掩护真象。

【OTC 销售浅解】在 OTC 销售中用到此计，主要体现在销售中当我们向客户推荐新品，而客户对我们的产品没有信心时，我们可以举一些实例或者引用大家都熟知的药店案例来验证我们的产品畅销。

当药店的店员销售我们的产品没有信心时，就可以谈谈我们的样板药店是如何销售我们的产品的，增加其销售的信心。

总之，我们自己有故事时讲自己故事，自己没有故事时就讲别人的故事或者听来的故事。

【销售案例】

案例 1　实例是世界上最伟大的成交高手

刚做业务第一天，销售经理带我出去跑店，主要是开发药店，帮我建立销售信心。

在和康安堂赵老师谈判时，由于我们的产品刚进入终端药店市场，虽然剂型比较有优势，也属于独家产品，但是生产厂家不是以做 OTC 市场为主，并没有广告支撑，加之厂家的名气不大，供货价格比较高，零售价也比较高，而一盒只能用四天，于是，赵老师犹豫不决。

一方面是由于经理的讲解，产品确实在销售和治疗效果上有很大的优势；另一方面由于第一次接触这个产品，供货价又比较高，又担心销量不好，形成滞销，占用资金。

这时，经理发话了："赵老师，可能是你对我们的产品没有销售信心。碰巧，我今天早上打印了 DWZ 连锁药店（北京知名连锁药店）的纯销流向，有盖红章，您可以看一下他们的销量。"

赵老师一看，流向上最差的门店也有 15 盒的销售，于是就决定采购 5 盒。这时经理说道："您看，DWZ 药店最差的门店一个月就能销售 15 盒。您这么大的药品超市，生意和人流量都会比他大。这样，您第一次拿 10 盒，到时候给每个店员送一份小礼品。销售您放心，三个月内卖不掉，我全部买走。"

就这样，产品进去了，借助送礼品的机会又和店员接触了一遍，希望他们在日后的销售中能多推荐我的产品。

在医药销售中，实战案例我们一定要准备的充分，并且还要不断地改变、升级。我们开发、维护与上量，都要用到案例。这就像我们看到报纸上有人买彩票中了500万元、1000万元，没有任何感觉，而当我们身边有人中了5万元，我们就有可能每天没事儿去买几注彩票，因为发生在自己身边的案例才是最容易让人信服的。

案例2　神农尝百草

对产品的疗效没有信心，对产品的销售前途没有信心，这两个因素是众多药店采购不愿意采购产品的重要因素。

所以，在销售中我们要通过实例或亲身经历来展示产品的疗效。我们自己的产品我们有没有用过？如果你自己都不用自己的产品而说服别人来购买你的产品，你的销售信心可想而知。

在向信康大药房的丁总推荐公司的SXQWJ的时候，丁总显得信心不足，难道效果比市面上的品牌产品还好？我说："丁总，是这样的，我之所以做这个产品是因为从小我对这个产品就有很好的印象。我父亲是做体力活的，腰痛、背痛是常有的事，之前一直是找村子里会按摩的人按摩和服用三七片来治疗，效果很慢。很来，有个外出打工的人回来带了这个产品，给我父亲使用，一喷一揉，疼痛缓解了很多，所以这个产品也成了我家必备的药。再说，您刚才提到的几个产品在治疗上的侧重点就不一样，不具可比性。"

"说到这里还有个有趣的事。上周开发美惠大药房，他们老板一口气进了20瓶，说直供价比商业公司的便宜多了。我说，这么多你卖得了那么快嘛？他说，自己会用一些，还会送些给朋友。"

丁总被我的亲身经历所感动，当场也下了10盒的计划。

如果你所推广的产品，你自己用过，并且疗效确切，这样你在推广产品的过程中就会更有信心，也更能说服和打动客户。古有"神农尝百草"，作为医药销售者，我们是不是也应该亲身试验一下自己的产品呢？

在这里，就像我在每一次内训课上问的那样：你买过竞品研究过吗？你使用过你自己推广的产品吗？你对比过你的产品和竞品的不一样之处吗？你会给你的家人用你推广的产品吗？你会给你的同学朋友推荐使用你推广的产品吗？销售的信心来源于哪里？首先就是来源于你对产品的信心，来源于你对产品知识的精通程度和你对产品的体验。

【借题发挥】

做终端销售，吹牛和讲故事你会吗

经常有学员问我，OTC 终端销售技巧的核心在哪里？或者谈判的最高境界在哪里？我用五个字概括了——吹牛，讲故事。但是，我加了一个备注：“不会吹牛是懦夫，不兑现承诺是骗子。”

在很多的业务谈判中，我们的绝大多数业务员避免不了犯一个错误，那就是陈述性的语言太多，那些“软弱而无力”的话很多。比如：“我们的产品非常畅销”、“我们的产品效果很好”、“我们的产品利润空间很大”等。

殊不知，只有数据化的东西，才能给人一种立体化或者说是能够感知到的好处。比如我们应该说“我们的产品在××市终端药店的销售在 2 万盒左右”、“我们××胶囊，回头客达 80%”、“卖我们的××胶囊，一盒可以净挣 25 元”，等等，这种数据化的东西更容易打动和感染人。

大家都知道，药店采购药品一定会考虑或者关心“周边的药房或者本区域内，这个产品卖得如何”。针对他们的这一考虑，我们一定要将“吹牛、讲故事”的本领发挥出来。我们说道：“×××大药房，自从 1 月份引进我们的产品以后，按照我们的动销方案一步步做，现在一个月的纯销量达 2000 盒，直接给企业带来了 5 万元的利润！”这样的数字冲击力，比你说一百次陈述性语言都强！

讲故事，谈到这个话题，我们会发现我们的领导或者老板，在谈到自己的产品时，总是把产品讲得“有血有肉”富有很深的感情，所以他们谈业务时，总是容易感染客户，容易成交。

讲故事，主要要学会讲两个故事，一是“讲产品”的故事，只有故事才能够吸引人和感染人，因为我们都爱听故事。产品的故事，包括产品的来源，比如此方来源于张仲景的《伤寒杂病论》的“黄芪建中汤”，但是发明这个汤剂是这样的……（此处省去这个方子的故事）。

也可以这样讲产品的故事，比如：“我之所以操作这个产品或者说是销售这个产品，是因为1998年的时候，我父亲干农活总是腰疼，后来从亲戚那里借来这个药，喷的效果很好，所以当企业找我的时候，一下子就对这个产品非常感兴趣，有一种天生的熟悉感！”

甚至可以这么讲：“开始我也对这个产品不太信任。当我的小孩出现缺锌的症状时，我就给他服用我们公司的产品。服用两周后，缺锌的症状都消失了，现在孩子的胃口也比以前好多了，最近还感觉他的个头也长高了不少。所以，这个产品有这么好的疗效，我是非常想跟你这样区域性的品牌药店合作的，通过合作，满足我们双方打造品牌的需求！”

二是要学会讲销售故事。一个是我们谈判的时候，通过某一药店的成功操作取得的成功案例来感染客户。有的人会说，我没有故事，只有“事故”！我说有故事讲故事，没有故事编故事，编不出来讲别人的故事，总之，要用故事去感染人。

另外，就是我们在做一对一的培训过程中，需要用故事来教我们的店员怎么卖药。

代表：张阿姨，您这里××胶囊卖得怎么样？

店员：不好。

代表：哎，奇了怪了，离这里不远的××药房现在一个月可以卖100盒。

店员：每个药店的情况可能不一样哦，她那里估计适合卖这个产品。

代表：那个老师说，她是这么卖的，张阿姨您听听有没有道理。来的消费者主诉这些症状××，她就推荐这个产品。来的消费者找××产品的时候，她就推荐这个产品，说二者通过不同的作用机理，共同达到治疗的效果。另外，消费者提出这些疑问，比如零售价贵等，她就是用这个话术回答。您觉得她有什么不妥吗？

店员：哦，不错，以后我也尝试着这么卖。

代表：感谢张阿姨的支持，中途有什么问题，咱们再进一步完善，我随时服务好您！

当然，业务谈判和拜访维护中的“吹牛、讲故事”远远不止这些，这里也就起一个抛砖引玉的作用。但是，回到我们开篇讲到的，在业务谈判中的每一个承诺，尤其是我们承诺的动销方案，都要熟记于心，不要把自己搞成了“满嘴跑火车”的业务员，这会失去客户的信任，最后“偷鸡不成反蚀一把米”！

第八计

暗渡陈仓

【原典】示之以动，利其静而有主，“益动而巽”。

【释义】向敌人的某一方面佯攻以吸引敌人的注意力，然后利用敌人已决定在这一方面固守的时机，悄悄地迂回到另一地方进行偷袭。乘虚而入，出奇制胜。

【OTC 销售浅解】在 OTC 销售中用到此计，主要体现在我们在销售中处理客户的异议。OTC 药品的业务谈判中避免不了客户关于疗效、品质、销售前景，尤其是价格的异议。我们在处理客户的销售异议中，运用“暗渡陈仓”之计，就是先想办法让客户放松对异议的关注，然后再把客户引到自己的谈判思路中，最后化解异议，取得认同，达成合作。

【销售案例】

案例1　回归药品本质、化解价格劣势

价格问题是业务谈判中永远回避不了的一个关键问题。尤其是在如今中国的药品零售市场陷入一种同质化的低端价格竞争中，对于药店采购来说，价格就更为敏感。药品作为一种特殊的商品，其本质是治病救人，因此它的疗效和质量才是排在第一位的，价格与品质相关联，同其他商品一样，“一分钱、一分货”。

在开发博爱堂大药房的过程中，因为价格问题，谈判陷入了僵局。这时，一个老汉进店买某一种单价 3 元的降压药，郭老板在卖的过程中，问老汉吃后效果怎么样。老汉说，效果不是特别好，血压降得慢。郭老板说：“您不能再吃这个药了，这个药对你来说效果不好，建议你更换为 B 降压药，虽然贵一点，但是治疗的效果好。买药不能光图便宜，最主要的是要看效果。光便宜，没有用，吃了白吃，还浪费了钱。”

等老汉走后，我跟郭老板谈道：“我和您的理念一样，药最根本要有效果。现在药房都是做邻里生意，药房竞争又大，要是效果不好很容易丢失客户，甚至是一群客户。我们的产品虽然价格偏高，但是您看，我们委托生产的厂家都是辅仁药业这些大厂。包装盒的质量您也看到了，都非常的好，理所当然会比一般的产品贵一点点。您也知道，现在总是曝光药企偷工减料的事情，小厂家只有通过这种方式来竞争，即使他们的药品符合

《中国药典》的要求。但是大厂的要求一般会高于《中国药典》，您说这样生产出来的药品，在治疗的效果上能没有差异吗？您可不能为了几毛钱的差价毁了自己的生意啊！”

后来，郭老板同意和我们合作。

不管在医药销售中出现了多少异议，首先要回答的就是我们的产品质量好，这永远是解决客户疑难的第一条。

案例2　毛利额和毛利率需要灵活转变

在业务谈判中，扣率和差价是避免不了的问题。尤其是一些采购开口就是达不到多少扣率，这个产品就不能做。但是合理地转化二者，就能够化解产品在价格上的劣势。

在和康健连锁谈判 KSNJ 作为该连锁药店首推的时候，采购经理赵经理一上来就说：“你这 70% 扣率的产品我们公司肯定是做不了的，就算报上去了，老板也批不了，价格又贵，还要从商业公司走货、压款。”

我说：“赵经理，是这样的，如果您这里做首推，给予我们的首推政策，核算完的进货价大概是 30 元，您卖 59. 8 元，一盒有将近 30 元的利润。是的，在扣率上没有什么优势。但是您细细算来，一盒药如果进价 1 元，卖 10 元，10 扣，够低吧，可是，您也就赚了 9 元钱。但是我们的药核算下来，50 扣，但是我们一盒有 30 元的差价。我们不能只看准扣率，更要看重差价，差价才是我们实实在在的利润，比扣率那个数字有用得多。作为一个临床带动的产品，又有那么多的差价，虽然只有50 扣，但是做首推的意义也是很大的。”

最后，我们的产品做进了首推，产品的销量大了起来，药店获得的利润也自然多了。

现在越来越多的采购经理和药店老板开始意识到这个问题：毛利率只是一个数字，而毛利额才是实实在在的钱！但是，有些采购负责人的观念并没有转变过来，还是需要我们用文中比较“极端”的算法来跟我的采购负责人说明这个道理。

【借题发挥】

如何解决销售中的异议

1. 产品供货价太高

我们的产品是广告产品或者品牌产品，消费者容易接受、销量大。本来，单品的利润也高，一个产品进价5元，卖10元，一个月卖100盒，赚500元。另一个产品进价1元1盒，卖20元，一个月卖1盒，也只能赚19元。店里的保健品是最好的例子，保健品赚钱，但销量不大，一样不赚钱。而我们的产品从销量和利润空间来说都比较大，这时不做更待何时？另外，我们会给您提供更好的服务。如果都是价格问题，那么京东早就垮了。为什么没有垮，因为京东的商品虽然贵，但是他们送货速度快，服务态度好，这就是服务，而高质量的服务自然是要付费的。

2. 产品太普通

我们的祛火药和同类产品不一样（此处省去产品介绍），所以我们的产品不普通，普药销量大是大家公认的。**没有普通的产品，只有普通的销售代表**。

3. 产品扣率高

提示产品差价，这个优势也没有，就提示广告产品或者临床产品，销量大、不愁销。

4. 担心产品价格乱

我们实行一街一店的控销，是全国总代或者省代品种，物流和渠道都能控制，出现乱价的药店、屡教不改的，直接停止供货。

5. 想做铺货

说明公司目前是现款的制度。“我们的合作不是为了提高铺货率，而是为了双方共同提高销量而获利。铺货的产品您不重视，销量自然不好，最后清场，大家都麻烦。现在公司的制度比较灵活，一周内无条件退换货，可以少量尝试着卖，我也会积极配合您。”

6. 产品好不好卖

康之家大药房罗汉果止咳一个单品一个月卖100多盒，消费者反映效果特别好。你的药店情况比它好，要是我们好好配合，一个月卖 200 盒是很容易的事（列举的药店一定要在当地有一定的名气）。

注意：所有的异议都可以用产品知识解决，医药零售代表要有过硬的产品知识。

客户说价格贵，我是这么回答的

张经理，您说的价格贵，是指供货价贵还是零售价贵？

1. 供货价贵

您说的这个问题，是我所有合作的客户第一次都会跟我说的问题。因为拒绝是你们的习惯（微笑），就算我今天一块钱一盒供给你，你也会说贵的。生意人总是想用最小的代价获取最大的利润空间。就产品而言，我们的产品供货价相对于其他高毛利产品贵，是有一定道理的。

第一，我们是品牌产品，品牌产品意味着我们的产品原材料（比如道地药材）、生产工艺（比如一步制粒、进口生产线）及质量控制（比如高于国家药典标准）都是有保障的，只有这样才能保证我们的产品质量。而只有高质量的产品，才能成为您药店的吸客产品，才能源源不断地帮您聚集更多的会员。您也不要说，所有的产品都是按照《中国药典》生产的，都是合格产品，产品质量都一样。试问一下，您用的板蓝根颗粒和阿莫西林胶囊是什么牌子的，您就明白了我的意思（微笑）。

第二，我们的产品高于其他高毛产品，还因为我们需要给您提供更好的服务。我相信，您卖的产品不希望周边的药店也卖吧，所以我们做的是控销，只给您一家药店做，让您独享经营利润。作为厂家，为了保证厂家的利润和为您提供的服务，自然会高一点点，当然不会影响您药店的合理利润。

另外，您担心的一定是动销问题。我们还要给您做店员培训和促销活动帮助您销售，我们安排驻店促销员也是要花费一些费用的。

第三，鉴于目前的供货体系，我们还有一系列的优惠促销活动，比如一次性现款购入 5000 元我们赠送 1000 元的产品（根据企业的实际情况说）。

2. 零售价贵

您的意思我明白，您是担心零售价贵，消费者不容易接受，增加了销售的阻力，强推又会伤客。

其实高零售价是您想要的，因为只有零售价高，您才有可能获得最大的利润。一个产品卖 10 元，您就是捡回来的，也就挣 10 元，但是我们的产品可以让您挣 N 元（N > 10 元）。想要挣更多钱，多说几句话也是正常的，不付出哪里有收获啊！

第二，我说的首推不是强推。店员把我们的产品优势说清楚了，消费者还是不认可，不接受也没关系，他要什么就给什么。只要我们为挣钱努力过。

第三，消费者购买的是疗效和服务，而不仅仅是价格便宜。一个药就算 5 毛钱，您跟他说吃了没有效果，我相信他一样不会买；而这个药卖 58 元，你说可以三秒可以缓解疼痛，您说消费者会如何选择？

客户说同类产品太多，我是这么回答的

张经理，您这么说太好了，同类产品多，说明了三个问题：

第一，您这个药店这一类产品的需求量大。

第二，我们的竞品销售工作做得都不好。

第三，您需要优化您的产品结构。

我想请教一下您，这么多产品里面，有没有某一个单品一个月能卖 100 盒的？总有一个月卖不到一两盒，甚至一盒都卖不出的产品吧。其他的产品销量就比较均衡，这样就没有一个厂家愿意拿出他最大的力度来跟您合作。其实“二八定律”也适用于我们产品结构的优化，20% 的产品产生 80% 的利润。您现有的产品结构，显然不太合理，需要优化。那么机会来了，我的这个产品可以给您带来 80% 的利润，因为我们这个单品在单店一个月 100 盒的销售已经成为现实，并且已在多家药店实现。我们的产品可以给您带来这些好处：

（1）疗效保证。品牌企业的产品疗效好，回头客多，容易形成二次销售和自然销售，店员推荐的难度会逐渐缩小。

（2）利润保证。在同类产品中，卖我们的产品获得利润空间是最

大的。

（3）服务保证。前期可以让我们促销员驻店促销，卖给我们的店员看。我们也可以提供全方位的产品知识，提高店员的销售技能，为药店获取更多的利润。

第九计

隔岸观火

【原典】阳乖序乱，阴以待逆。暴戾恣睢，其势自毙。顺以动豫，豫顺以动。

【释义】看着敌人内部矛盾激化，场面混乱，自己静观其变，等待局势的进一步恶化，进而趁乱出奇制胜，取而代之。

【OTC 销售浅解】在 OTC 销售中用到此计，主要体现在我们在销售中中的两个方面，一方面是当我们的竞争对手与客户之间出现矛盾时，我们要乘虚而入，取而代之（这一方面与“趁火打劫”之计有相通之处）。另一方面，我们要善于把握成交的机会。当我们捕捉到成交的机会时，要及时地提出缔结的建议。另外，我们不要拖延客户的报货计划，当你拖延时，反而给了别人合作的机会。

【销售案例】

案例1　成交之前，一切为零

缔结，即提出成交。很多 OTC 代表在销售的过程中，会出现聊开心了，事办完了，最后因为自己没有提出成交的建议而未获取订单，甚至出现因为自己的拖延，没有及时提出成交，而导致客户被竞争对手抢去。

在开发子墨药房的过程中，业务员小兰就犯了这样的错误。业务员小兰在第一次和子墨药房王总的谈判中就价格和供货方式达成了一致。但是，当时王总因为要接待别的业务员，小兰就匆匆忙忙走了，连进多少货和首营资料都没有收。

第二次，小兰又去，王总又比较忙，问王总要首营资料。王总说去质管部取，说完就去忙自己的事。

小兰的这种做法在销售例会上被我当作了典型的案例，我问他，为什么不一次把事情搞好？他说，看王总忙，怕提过多的要求，王总会拒绝。

第三次再去，小兰说：“王总，您的首营资料已经全部办好了，麻烦您下订单，我好给您安排发货。”这次，才完成了整个销售。

在销售中，成交之前，一切为零。成交还只是合作的开始，后续的持续合作才是最重要的！

你不敢提要求，就不会有成交。就像你不敢跟客户提销量、提钱，你就挣不到钱是一样的道理。连这个欲望和信心都没有，你又怎么可能实现你的梦想呢？

案例 2　拖没了买卖

拖延，是 OTC 代表们常犯的一个错误，很多买卖就是拖没的。尤其是首次合作客户订货量不大或者后续补货时客户的订货量太少，我们都容易去算自己的小算盘而忽视客户的感受。

客户对于送货的时间也是希望能够快速的，就像我们在网上买东西一样，恨不得这一刻下单，下一刻快递员就通知我们拿快递！试想很多时候，淘宝的价格比京东的价格要便宜，但是很多情况下，我们会选择京东下单，就是因为选择它的自营品种，上午下单，下午就可以收到。

我的业务员肖佳就曾经遇到过这样的事情。肖佳跑天天康大药房的时候，由于只有一个单品出现了缺货情况，客户报计划 10 盒，其他别的产品客户也没有提出需求。

肖佳考虑到时间成本和运输成本，并没有立即开货给客户送去，而是想等其他药店的计划报得多的时候，一起送去。结果，过了三天，等肖佳送货过去的时候，客户非常不满意，因为三天的送货周期太长，影响了客户的销售。

另外，在此期间，由于肖佳没有把货送去，客户又报了其他厂家的产品，而其他厂家的产品又做了一个买赠活动，一下子压了不少货给客户。虽然送过去的 10 盒客户还是接受了，但是这个产品在这个药店已经卖死了，并且还给客户留下了不好的印象！

所以，我们在和客户的合作过程中，一定要注意长期的利益，而不是短期的利益，一旦产品被替换掉，那才是最大的损失。

我没有见到哪个客户喜欢拖拖拉拉的销售员，几乎所有的客户报计划时的心情，就像我们在淘宝上买东西的心情是一样的：恨不得这一刻下完单，下一秒快递员就已经到了家门口。在销售活动中，我们除了注重产品品质外，也要注重客户对服务的满意程度。

【借题发挥】

提出成交的几种方式

在解答完客户的疑问后，要技巧性地选择成交，否则错过了时机，前面的努力全部报废了。如何技巧性地选择成交，下面几个方式可以尝试：

1. 选择性结束

“张经理，××胶囊您是要50盒还是30盒？”

我在北京做业务时，谈到最后问雷总：“KSNJ您要不进5盒？”雷总说：“只能进2盒。”说完后，雷总语重心长地说：“小鄢，你刚做业务，我提醒一下，下次谈业务的时候，想让别人进10盒，你就提出30盒的数量，因为人总是爱打折扣的。30盒怎么打折扣也得进10盒，10盒打折扣就成三五盒了。”

2. 特殊性交易

“张经理，我们现在一次性现款购入满1000元，送5瓶1kg蓝月亮洗衣液，建议您参加这个优惠活动。”

3. 尝试性订单

“张经理，您先挑几个品种合作，给大家一个彼此合作的机会，也给我一个日后表现的机会。”

4. 直接要求订单

“张经理，您对我们公司的产品比较认可，可以先拿50盒清火养元胶囊。”

客户卖完产品了，不再进货了，怎么解决

一日有网友给我留言说：“药店老板把我的产品卖完了，不再进货了。或者有的老板说等其他产品卖得差不多了一起进货，还有些老板非得卖得只剩一盒了才进货。”遇到这些进货的托词怎么解决？

我还是先分析原因，再给大家出办法。产生这些问题的原因在于：

第一，客户对你之前的服务不是很满意。说白了，就是客情关系还不到位，可能仅仅因为价格问题，他就想替换掉你的产品。

第二，你的竞品库存量太大，或者你的竞品的效期不好。他现款进货又无法退货，想优先处理这些产品。

第三，你的竞品给了更有诱惑力的政策。

第四，店员没有找到好的推荐方法，在之前的销售中遇到了阻力。

第五，你的进货奖励没有吸引力，他不感兴趣，进多进少没有多大关系。

第六，客户兜里真的没有足够的现款。

尽管我们掌握了一些真实的信息，但是我们在销售话术上，还是以“一切为客户着想”出发来应对这些托词。话术如下：

（1）张经理您好，您看我们的 × × 胶囊在您这里销售 3 个月了，前前后后也卖了将近 50 盒，多少还是有些回头客的。您现在不进货，到时候，消费者回来找没有就不好了，影响您的销售，毕竟推荐一个他用过的产品比推荐一个新品要容易许多吧！

（2）张经理，您嫌我的阿奇霉素胶囊贵是吧？没关系，您以后只要现款拿 1000 元的货，阿奇霉素胶囊送 20 盒！

（3）张经理，我看了一下，我的竞品 × × 胶囊的库存量比较大，可能是您不愿意再进我的产品的原因，我相信您有您的考虑。但是，我和您合作快一年了，我们的这个产品卖了也快一年了，我的服务您也感受到了，我的产品销量也摆在那里，也不是完全销不出去，毕竟还是有些基础客户的。为了不影响老客户回来找自己熟悉的产品，我建议您还是补 50 盒吧，不要影响您药店的生意。

（4）张经理，您不愿意再次购进我们的 × × 胶囊，是不是因为销售中遇到了什么困难？看我能不能帮到您？

（5）张经理，您不要等着一起卖了一起进货，每个产品的销售进度肯定是不一样的。我不怕麻烦，只要不影响您店里的销售，就是一个产品要 1 盒，我也送过来，您看哪些产品需要补货吧，不要耽搁店里的销售。

（6）张经理，现在进我们的产品活动力度比较大，在原有合作政策不变的前提下，一次性现款购进 1500 元的产品，送 5 瓶 1L 的蓝月亮洗衣液！

您这里的××胶囊本来卖得就很好，进个100盒，再搭一点别的产品就绰绰有余了。

（7）张经理，您一大老板别开玩笑说没钱，补充现在缺货的产品1000元不到，您一天的流水都用不完，赶紧补充产品吧，因为缺货影响销售事小，失去了忠实客户事大啊！

总结：

（1）一定要保持稳定的拜访量，时刻关注你在客户那里做的所有产品。千万不要等客户卖完了，不知道找谁进货，最后在竞品那里进货，然后你的产品被“替换“掉了。

（2）利用一切机会或者奖励措施，压客户卖得比较好的产品，千万不要留缝给竞品，不断压，让竞品没机会。针孔大的缝就会引来斗大的风！

第十计

笑里藏刀

【原典】信而安之，阴以图之，备而后动，勿使有变。刚中柔外也。

【释义】使敌人相信我们而失去警觉，我们则秘密策划消灭敌人的办法。只有在做好充分准备的情况下才能行动，以免发生意外。

【OTC 销售浅解】在 OTC 销售中用到此计，主要体现在我们在销售中首先以交朋友的心态去和客户合作，不要计较眼前的得失，成为朋友之后，再做产品以后的收益是长线的。

另外，我们在初期可以给客户一些甜头，比如送货给客户，待销售好后再进行深入的合作。还有一方面，我们跟客户的长期合作中，难免会出现“磕磕碰碰”，如何友好地化解这些矛盾，也是我们要注意的，很多人因为处理不好这些矛盾而失去客户。

【销售案例】

案例 1　送出来的买卖

在销售过程中，有些客户不愿意采购某一品种，无非就是对产品的疗效和销售前景不看好。如果我们对自己的产品有信心，如果我们“大方”一点，赠送药品给客户试着卖，这无疑是产品切入的一个好手段。

ZS 是我公司止咳效果比较好的一个产品，但是业务员小蓝在开发博康大药房的时候，店长对这个产品不感兴趣，甚至连铺货都不愿意做，说同类产品太多了。因为这个产品的供货价比较低，小蓝说送 10 盒给店长卖，零售价 22 元，反正卖的钱都是店里的。白送，店员当然都愿意，卖的钱店员改善一下生活或者支付其他的开支也是比较好的。

货送过去之后，小蓝还是对产品的主要卖点和主要的适用人群做了介绍。刚好，这个店是一个社区店，老年人比较多，患老年慢性支气管炎的人也较多，加上又靠近肿瘤医院，外地来治病的人也多。碰巧，有个肿瘤病人用了这个药之后跟店员反馈，此药的效果非常好，并且准备一次买 10 盒带回老家用。有了这个患者的反馈和二次购买之后，店员推荐这个产品就更有信心了。销量也逐渐上涨，开始多次拿货，就这样，这个产品在这个药店从别人看都不愿意看到卖到畅销。

值得注意的是，不要把送搞成了习惯，第一次送是因为你担心产品卖不出，如今能够很好地动销了，就不要再想送的事情了。这个也要事先跟客户说清楚，免得以后引来不必要的麻烦。

案例2　设计买卖

连锁药店回款难，在很多市场都会碰到这个问题。我曾经和某连锁药店合作也遇到了这个问题。产品反正不重要，就是不给你回款，愿意做就做，不愿意就算了，多的是厂家挤着要和我们合作。再说每个采购手上有货款的分配权，给谁不给谁都是他们来安排的。

后来和采购聊天得知，他们采购也是有绩效考核的，如果首推品种断货的话要扣他们的绩效。

这样一来，办法就出来了。我首先将我们的某一单品和采购谈成了首推产品，在现有的供货价格不变的情况下，拿出费用来做首推。一方面他们获得了更多的利润，另一方面也帮他完成了每月的其他业务收入（进场费、陈列费、动销费等）的指标。经过多次谈判之后，达成了协议，将我的产品做到首推目录里面去。看上去这是一个皆大欢喜的买卖。

首推一个月后，销量猛增。在发完第三笔货之后，我就停止了发货。和采购沟通，由于授信已经用完了，现在必须回款了，不回款就不能继续发货了。采购一听，急了，要是断货了是要扣他们绩效的。为了不扣他自己的钱，只好答应把我的货款排在前面，而我也顺利拿到了货款。

这就是我常说的：销售不是坐等机会，也不是水到渠成，一定是精心策划的结果！很多人把销售的整个过程剥离开了，结果导致产品的滞销。产品进场不是我们OTC销售的结束，只是开始，产品的持续上量才是我们想要的。精心策划的销售一定让客户遵循我们设计好的进程发展，而不是我们掉进客户的坑里，哭爹喊娘的。

【借题发挥】

“笑里藏刀”还有一个重要的作用就是，我们如何去化解和客户之间的矛盾。

OTC 代表如何处理和客户的矛盾

俗话说，有人的地方就有江湖，牙齿和嘴唇配合得再好，也有牙齿咬嘴唇的时候，这和我们与客户之间的关系是一样的。之前关系再好，也可能因为某些事情产生矛盾，如何解决这个矛盾？恰恰也是很多 OTC 代表的头痛之处，这里和大家做个分享。

一日，在某企业做内训的休息期间，发现武汉某客户打来 12 个未接电话。我立马回电话过去，药店老板的大概意思是说，我的 OTC 代表因为效期产品退货的问题与她在店里大吵，我说道："谭姐，我现在在西安，不在武汉，关于这件事的处理，第一，我向您道歉，不管是谁的错，我的业务员跟您吵就是我的错；第二，我回武汉后立马帮您解决这件事，直到您满意为止；第三，您这个客户我非常在意，不管怎么样，我以后仍旧要和您合作，哪怕换业务员也要跟您对接。因为现在讲课的原因，我先跟您承诺到这里。"回武汉的第一天，我解决了这件事情，并让新的业务员顺利衔接上。

就这个现实案例，我们一起来探讨，OTC 代表如何处理和客户的矛盾。

1. 正确认识矛盾

合作过程中产生矛盾是无法避免的事情，我们应当正确看待矛盾。首先，依我的经验来看，有了矛盾，就是有了我们和客户升华客情关系的机会。处理好一件事情，可以让客户更了解我们，更信任我们，让我们的感情升温。其次，有矛盾就代表客户对和我们的合作还抱有期望，如果他已经对你失望，就不会跟你闹矛盾，因为不和你合作，已经是最好的解决方式。所以，矛盾来了，我们要先笑一笑，要认识到，加深感情的机会来了。

2. 预防机制：减少和客户发生矛盾的机会

其实和客户产生矛盾的事件是屈指可数的，我就简单列举几个常见问题：

（1）产品滞销要求退货。我们很多OTC代表跑店的时候，不关注所有产品合作的情况，只会问一句“有需要补货的吗”，从来不会问一句“哪个产品在您这里卖得不好”。这就导致卖得好的产品一直补货，卖得欣欣向荣，而卖得不好的产品被淹没掉，直到有一天，客户说还有两个月过期找你处理的时候，你束手无策。

这就要求我们对和客户合作的每一个产品都要及时关注动销情况。如果发现滞销，第一，做产品知识培训，教店员怎么推销出去；第二，拿到显眼的位置，给店员提示，主动促销出去，比如放到花车上，这样就会有效地避免发生这种矛盾的机会。

（2）结不到货款产生矛盾。我们很多代表立功心切，为了快速合作上，并没有跟客户谈好结款方式和结款流程，等到要钱的时候和客户扯来扯去。这就要求我们，在业务谈判中要明确货款的结款方式和流程。如果是现款客户，在送货之前，提前一天通知客户，明天送货，大概多少货款，请他提前准备好。

（3）承诺的事情没办法实现。我们的OTC代表会承诺客户一些事情，比如为了合作，答应给客户更多的礼品，回公司汇报后公司不同意，他没有办法跟客户兑现而产生矛盾。这就提醒我们，OTC代表不要随意承诺客户，不在自己权限范围和能力范围内的事情不要轻易允诺。

（4）江湖语言埋下祸根。我们的很多OTC代表喜欢跟客户说：“您先卖，卖不动我拿走。”“您放心，这个货非常好卖，卖得不好我退款。”真有那么一天到来的时候，你却不能兑现你说的话，矛盾就来了。所以，业务谈判中，我们要少用江湖语言，做生意就要有做生意的样子。

3. 解决机制：迅速、高效做出解决方案

问题出现了，我们就要积极面对和解决。争吵、拖延的做法对问题的处理没有任何好处。在处理问题上，我们要遵循这个原则：**先处理情绪，再处理事情**。

第一，面带微笑。俗话说，伸手不打笑脸人。先微笑表示友好。两个人都凶神恶煞，那就是要干一架的趋势。

第二，改变处理的地点。走到药店外面来处理，一是不要影响药店的正常生意；二是换一个地方，让药店老板不要觉得在自己的地盘上，一切由他说了算。

第三，诚恳地道歉。不管是谁的错，和客户发生了矛盾就是你的错，就是你的工作没有做好，才有了发生矛盾的机会，道歉，你不吃亏。

第四，让客户宣泄他的不满。有时候，并不是什么大不了的事情，可能就是客户心里憋着一口气，让他发泄完了就没有什么事情了。让他说，让他骂，直到他不说话，你再说。

第五，切记不要争辩，打断客户的话。让客户说，让客户发泄完，让客户说出他的想法和解决方案。这个时候的打断和争辩除了火上浇油，让事情越来越糟，没有什么别的作用。

第六，解决问题。认真记录客户提出的诉求，分析矛盾产生的原因，在你能力范围内能够解决的问题，态度要诚恳，超出能力范围内的要和领导沟通。

第七，能现场解决的现场解决，需要汇报领导的给客户承诺解决时间。有些事情，客户的气消了，矛盾自然就没有。

第十一计

李代桃僵

【原典】势必有损，损阴以益阳。

【释义】在当前的形势下必然有损失的话，我们应当以牺牲局部的利益来换取整体的利益。

【OTC 销售浅解】在 OTC 销售中用到此计，主要体现在我们在销售中不要被眼前的一些蝇头小利迷惑，也不要因为暂时的不利而影响心态。始终要站在整个销售的全过程和长期稳定合作的大局来考虑做这笔业务的收益。适当的时候也要做一些“牺牲”，以退为进，获得更大的合作机会。在这里大家要知道，牺牲的不一定是钱，也可能是时间，比如我们搞定大客户的时候可能需要花多一些的时间，也可能是精力，我们要研究客户“个性化的需求”等。

【销售案例】

案例 1　吃小亏，获大利

OTC 销售中，业务员的流动性是非常大的。尽管交接的流程已经很完善了，但还是免不了会留下一系列的遗留问题，如滞销品的处理就是其中重要的一件事。很多新接手的业务员因为不知道怎么处理这种事情，而导致和药店的合作中断了，还给客户留下了公司管理混乱的不好印象。

小博从自动离职的李军手上接过了好药师安康店，连简单的交接都没有。小博去的第一次，安康店的蒋总就抱怨了好大一番：“你们之前的业务员好久没有过来跑了，现在报计划也找不到人。最主要的是还有一些品种，效期不好了，也没有人过来处理。当时谈业务的时候，你们业务员说得好好的，卖得不好的产品和近效期的产品是可退可换的。现在好，人都看不见了。”

“蒋总，您先消消气，我这不是接手来为您服务了吗？您对李军的批评我一定牢记在心，不会犯同样的错误。”小博笑眯眯地说道。

“唉，你们每个人来的时候都是这么说，说的比唱的好听。那你说说，这 10 盒 XKC 怎么处理？还有 7 个月就要过期了。”蒋总抛出了这个难题。

“是这样的蒋总，按照我们公司的退换货规定，出了 3 个月的货是不退不换的。当然，我知道如果这件事情不处理好，可能以后的买卖，咱们都没有办法合作了。这药肯定是我自己掏钱买，自己来认这个账。您看这样行不行，这个产品我再给店员讲解一下产品的卖点和适用的人群，把产品陈列到重要位置上去（如果是非处方药甚至可以放到花车上去），然后您这边先卖着。到了只有3个月效期的时候，剩下多少我都按供货价买走。要是我现在买走，完全就是浪费了。您多卖一盒，我就少亏一盒的钱。我挣钱也不容易，您多多体谅一下。”小博声情并茂地说。

“既然你这么说了，就依照你说的办，把销售完了的产品的货先补一下。”蒋总也是半信半疑。

到了最后3个月的效期，还剩下3瓶，小博按10元每瓶的价格全部买走了。这样做，虽然自己亏损了30元，但是在这个合作过程中，这30元也早已赚了回来。由于小博说话算数也打动了蒋总，蒋总又丰富了品类，引进了更多的产品。当然，小博的提成也就更高了。

在处理滞销品的时候，我们千万不要为了表明态度，直接把货退走。这样做，你没有获得任何的好处，是“硬亏”！这件事情中的任何一个人都不会感激你，药店负责人觉得你把货退走理所当然；店员也觉得你活该；你自己也没有得到任何好处。

如果你能够按照上面的话术和办法去处理，如果这个产品在你说的办法下动销了，店员找到了卖这个药的方法，那么你还有补货继续合作的机会。哪怕最后真的有卖不完的，你给店员买点吃的喝的感谢大家的支持，也是一种维护客情的方法，大家都开心了。

案例2　坏天气，大机会

做OTC的辛苦就不用说了，风吹日晒雨淋太正常不过了。炎热的天气，很多业务员选择在空调房里纳凉。对于老业务员来说无可厚非，但是对于新业务员来说，这是慢性自杀。其实，正是由于这样恶劣的天气，越是老业务员不愿意去的时候，你的机会就来了，因为你可以有更多的机会和老板或者店员交流来增加自己的客情关系。这个夏天你不辛苦，明年、后年的夏天你还是要过得这么辛苦。

在开发安博大药房的过程中，我深刻体会到了这一点。那一天，协助业务员开发药店，下着大雨。业务员由于方法和技巧没有使用好，结果业务谈判陷入了困局，药店老板基本上没有合作的意向了。正好，我意外地发现药店妇科外用的产品中，居然没有泡腾片这个必备的剂型。

接着，我来谈判。我向丁总说了我的观察结果，并且跟他说明了泡腾片在妇科外用药里面的优势，又将公司的重点核心产品一一做了解读。由于下暴雨，来买药的人也比较少，也没有其他厂家的业务员过来拜访，所以我们的谈判很少被打断，整个业务谈判也比较流畅。最后，在我的努力之下，最终和老板达成了合作。

后来，丁总也说："你今天的机会真的比较好。说实话，要是换个日子，你这一单不一定能成。因为平时卖药很忙，再加上医药公司的人来送货、上柜、入库，根本就没有时间听你讲这么多，自然也不会有咱们后来的合作。"

所以，我们做 OTC 销售的要善于发现什么情况下是你做业务的时机。越是别人都不想来的恶劣天气，越是你的机会，越是大家都不愿去的药房，越是你的机会。当大家都在良好的天气、优质药店里厮杀，你插不进去的时候，就可以去选择他们不愿意做的药房去做。也许它不是当地最好的药房，但是当它一心一意卖你的货的时候，有可能实际产生的销量比你在大店里抢的那点销量要多得多。

【借题发挥】

如何选择合适的拜访时间

很多时候，我们销售业务的谈成与否和我们谈判的时机有很大的关系。时机把握得不好，很可能直接导致本次谈判的"流产"，那么我们该如何把握好谈判的时机或者说我们应该在谈判中注意点什么呢？

在开发单体药店的时候，我们会经常遇到"老板不在的情况"。遇到这种情况，我们脑袋里应该反映出的是以下几个问题：老板是真的不在吗？老板什么时候在店里？这个店的采购一定要找老板谈吗？

对于这些问题，我们一定要搞清楚，可以直接问当时在场的营业员。如果营业员的回答都是"不知道"，那就说明：一是我们跟店员还不熟悉，店员不愿意告诉我们；二是我们要在药店里面逛一逛，看有没有我们熟悉厂家的品种，去问问他们老板的情况，这样获得的消息应该是非常准确的。

当老板在店里的时候，我们谈判也要注意好时机。当碰到老板在销售药品，或者老板正在和店员讨论事情，或者老板在和其他厂家的业务员讨论业务的时候，我们不要着急，表明完身份之后，“牺牲”点时间等一等。一来显得我们懂礼貌，最主要的是，只有老板不忙的时候，才有可能和我们静下心来聊一聊。

谈业务时间的长短和氛围，对业务的谈判至关重要。如果是“匆匆开始”很有可能是“匆匆结束”。

在日常拜访的时候也是这样。当有人进来买药的时候，你就不要拉着店员说个不停，要适当停停，等店员卖完药之后再开始你们的话题。

在开发连锁药店的时候，我们需要提前预约客户：一是表示我们对客户的尊重；二是我们不会白跑一趟。通常情况下，很多人由于不预约客户，结果拜访的时候客户不在，或者当天客户有会议，或者有其他重要的事情做，导致白白浪费时间。

很多销售书籍中会提到“当客户说忙的时候，让客户给你一分钟的介绍时间”。其实在实战中，这种话术能操作的有效性有限，并且在匆忙的环境下，给你一分钟也不一定能够让客户坐下来听你介绍产品。所以，在业务时间充足的条件下，谈业务才算是比较有效。

另外，连锁药店的采购谈判环境变化很大。在格子间的办公室谈话，因为“隔墙有耳”，很多情况下多是“说的面子上的官话套话”，对所有的厂家都是那么一套话术，所以基本上没有太大的用途。因此，我们要注意“办公室以外”的谈判，那个时候听到的才是实话。比如晚上给客户打电话，了解合不合作的关键点在哪里，或者通过和采购熟悉的朋友搭台，在吃饭、喝茶等环境下的谈判，可能会更有效。

还要学会等待和排队，这是有素质的表现，也不会给其他厂家的人带来不便，造成反感。如果你不想等太久，那么你就在早上或者中午早点到达谈判业务的地方，第一个谈，这样可能会好一些。

在开发诊所的时候也要注意，通常情况下诊所的老板一般是医生本人，这样药品的采购权和处方权都在他手上，所以搞定他非常关键。但是，通常情况下，由于医生看病非常忙，很多业务员都因等不到医生的时间而用一句“下次再来”就离开了，这种拜访基本是无效的。那么，我们要在病人比较少的时候，比如中午或者晚上去，客户才有可能跟你聊。如果实在了解不到医生的作息时间，你就在那里陪大夫看病，多的话不要说，就是等待，等他有时间的时候来谈业务。

在诊所的维护中，由于诊所的大夫一般都是“比较寂寞的”，所以我们就要跟他们多聊天。也因为他有药品的采购权和处方权，我们多花点心思在他身上也是理所当然的。

所以，不管是业务开发还是业务维护，我们都应该把握好时机，以免做无效的谈判和拜访。

第十二计

顺手牵羊

【原典】微隙在所必乘；微利在所必得。少阴，少阳。

【释义】即使是微小的漏洞，我们也要加以利用。即使是微薄的利润，我们也要尽量争取。这也是《易经》中所讲的变对方的小失误为我方的胜利这个道理。

【OTC 销售浅解】在 OTC 销售中用到此计，主要体现在我们在销售中要抓住每一次合作的机会，向客户推荐我们的促销方案，有可能就会变小单为大单。

我们也要加大对店员联合用药的培训。联合用药的目的对于药店来说无疑增加了客单价，增加了销售额，对于医药公司和厂家来说，提高了自己产品的销量，而对于消费者来说，快速解决了患者的病症，疾病得到有效的治疗。

【销售案例】

案例 1　小订单变大订单

智仁康欣店是我公司的一个老客户，由于业务员交接，我带新业务员一起拜访这家店。

一开始，肖店长只报了 30 盒的盐酸左氧氟沙星片的计划，金额不大。这个时候我跟肖店长说："我们现在有个长期的促销计划'一次性现款购入我公司产品满 1000 元可以获赠 3 瓶 1kg 的蓝月亮洗衣液'。1kg 的洗衣液洗一个月的衣服还是够的。刚好，你们三个店员，我们的产品在店里也比较畅销，供货价也不贵，你们可以挑挑看，这个活动划算。"

店员听我一说，纷纷说："把彩页拿过来，我们来选选产品。"在选产品的过程中，我发现他们挑了板蓝根颗粒，然后我又说道："我们的板蓝根颗粒，现在进 30 袋送 10 袋，还送金龙鱼 5L 的玉米油一桶。""哦，可以啊，你们的板蓝根颗粒之前在我们这里卖得也不错，搞一个活动。"这样一下来，一百元左右的订单变成了 2000 多元的订单。只是，因为自己多说了一句推荐活动的话。

很多业务员的思维总是定式的，觉得客户以前不愿意参加活动，似乎就永远不愿意参加活动，说完一次之后，就不再提示客户下一个促销活动的订单，似乎一开始做的是实销实结或者月结，就不能够跟客户谈现款。

我们应当坚持不懈地去给客户传达我们的促销信息。销售是一个动态的过程，而不是一个静止的状态。销售的结果可能因为业务员的变化、谈判氛围的变化、药店需求的变化而改变。之前客户不跟你合作，不代表客户永远不跟你合作。之前客户不接受，可能是因为开始彼此不信任，客情关系不好，客户对产品的销售前景不看好，等等。可是，随着时间的推移和合作的进一步深入，我们和药店老板、店员的关系都在发生着变化。所以，我们时刻要改变自己的观念，把我们的促销政策在每一次拜访中都宣传一次，直到有第一次合作，直到形成拿货习惯。

案例2　联合用药、联合推广

最开始我公司在推广氯雷他定片和丹皮酚软膏的过程中，一直把这两个产品作为两个单品在操作，两个产品的销量都不是特别大。

后来，因为自己的家人在春季的时候皮肤过敏，在服用了氯雷他定片和盐酸西替利嗪片后，效果仍旧不明显，于是就带她到客户的诊所去治疗。医生看完症状之后说：“服用氯雷他定片和外用你们家的丹皮酚软膏就够了，无需注射治疗。”

回家后按照医生的治疗方案，果真取得了良好的效果。这样一来，给了我很大的启示。对于春季高发的过敏性皮炎来说，联合用药既增加了产品的销量也增加了治疗的效果。

于是我做了两件事：第一，在销售例会上把这个用药的案例分享给了业务员，要求他们去每一家药店都要讲这个联合用药的案例。第二，我改变了单品的促销计划，“一次性现款购进氯雷他定片 N 盒，赠送丹皮酚软膏 n 盒”，“一次性现款购进丹皮酚软膏 N 盒赠送氯雷他定片 n 盒”。这样，客户拿货的数量也逐渐增加，药店卖它也更有经验，对于双方来说，是一个双赢的结果，大家皆大欢喜。

销售代表一定要熟悉自己推广的产品有哪些。我在内训课的过程中经常搞测试，让销售代表默写自己的产品名称，但是通常“惨不忍睹”。你都不知道你家里有什么宝贝，还谈什么联合推广？

在这里，我也给厂家一些建议，在制作产品彩页的时候，不要只是简单地产品罗列，最好是将这个产品的联合用药也写在产品概况下面，能和自己的产品联合就和自己的产品联合，不能和自己的产品联合，就和广告产品和品牌产品联合，至少你的这本彩页有价值，不会被拿来垫桌子吃饭，这样做也便于提示我们的销售代表联合推广（如图12－1所示）。

图12－1 南洋药业将“联合用药”编入产品彩页中

【借题发挥】

联合用药你真的会吗

我在做连锁药店或者单体药店店员培训的时候，开场经常会提一个问题：“联合用药或者关联用药的目的是什么？”95%以上的店员甚至药店老板的回答都是：“为了增加客单价，为了多卖钱、多挣钱！”我说：“是的，根本的道理是这样的，可是你的这句话，体现了你卖药的心态，也正好体现出了你们为什么觉得药难卖的原因。将药推荐给消费者之后，消费者容易拒绝，原因就在这里。你想着多挣消费者的钱，那么消费者自然也想着你卖给他那么多、那么贵的药，肯定也是想挣他的钱。当消费者这么想的时候，自然药就没有那么好卖了。那么联合用药或者关联用药的目的究竟是为什么呢?”

我的观点是：**联合用药/关联用药的目的不是为了多赚消费者的钱，而是为了快速缓解消费者的病痛，增加治疗效果或者减少毒副作用**。这么一说，我们就很容易理解为什么我们提倡外用药加内服药的推荐方法了，或者中成药加西药的推荐方法。

外用药直到病灶，迅速缓解症状，内服药调理，从根子上解决问题。比如，中耳炎一定是内服抗生素加外用滴耳液才能起效快。增强治疗效果也好理解，我们为什么要按疗程服药，就符合这一点。比如慢性病，严格来说慢性病是难以根治的，要靠药物来缓解病痛，有的时候吃一盒两盒是没有用的，比如六味地黄丸等就是属于这一类的药品。减少毒副作用也好理解，你想想卖紧急避孕药的人一定会推荐你吃维 C 来减少毒副作用就是这个道理。所以，你说得有理有据，消费者才容易采纳你的意见。

有人会说：“我就是跑业务的，药店的联合用药关我啥事?”告诉你，关你的事。你的产品要上量，药店要增加客单价，只有通过联合用药或者关联用药来达到这个双赢的目的，甚至你在进行产品规划的时候，都可以按照这个联合用药的道理去规划。

那么在联合用药的过程中，我们应该注意什么?

（1）专业化的问诊。很多店员是机械化地卖药，不问诊，凭消费者的简单症状描述就开始“配药”，这是不合理的。细致化的问诊，才能够对症推药，这样消费者才容易接受。就算他不接受，你也可以说一句：“我是对症给你推荐的，你不接受我的意见，效果不好，不要说我们的药不好!”

记得湖南某知名连锁药店的老板说过，在他的店中，店员要多分析病因和病症，不要开始就推荐药，只有听到消费者发出“那怎么办呢”这个信号的时候，才能够推荐产品，这样的推荐成功率非常高。

（2）品牌药+高毛利药。很多药店老板鼓励多推荐高毛利药，没有错，但是产品的效果不好，肯定会导致顾客的流失。推荐产品的最高境界一定是品牌药加高毛药，这样做的好处：一是有品牌药，消费者固有的品牌思维起了作用，他会觉得两个产品都是品牌药容易接受；二是二者合在一起，能够有比较好的治疗效果，不至于流失顾客。

（3）学会寻找联合用药的机会。消费者进店买药有两种：一种是直接说要哪个药。这个时候，店员一定要多问一句："您怎么啦?"通过他的描述，我们来获得更多的推荐机会，说："您要的药对您说的××症状非常有效，但是您说的××症状，需要另外一种药来治疗，建议您配一个××产品。"对于另一种直接说症状的人，我们就用专业的问诊来进行联合用药。

（4）树立正确的推荐思路。不管是卖保健品，还是药品，要想推荐的成功率高，在我们的推荐话术中，必须要包含以下四点：

第一，一切为你好。推荐这个产品是对症不是为了挣钱。

第二，不吃后果很严重，不接受我的建议，治疗效果可能不太好。

第三，买了不会后悔，谁谁谁和您一样的症状，就是用我推荐的药品治好的。

第四，今天买很划算，比如双倍积分、送鸡蛋、五赠一等。

（5）多联合用药而不是一味地拦截销售。我相信每个人都不愿意听到别人拒绝或者否定的声音，当消费者点名要某个产品的时候，你说这个产品没有或者这个产品没有另外一个产品好的时候，这都是一种伤客行为。消费者在你否定他的那一刻，对你开始失去信任，觉得你要卖贵药给他了！

所以，先给消费者想要的，但是在确定消费者要的药和他的病症相符的情况下，然后再说配合什么产品吃效果更好，但是千万不要"叠加用药"，就是推荐含有相同成分的产品，尤其是西药。这样既增加了客单价，也减少了销售的阻力，何乐而不为?

我们销售人员要尽量把我们的产品按照联合用药的思路，制订出一套联合用药的治疗方案，供药店的店员们在实际销售中使用。

第十三计

打草惊蛇

【原典】疑以叩实，察而后动；复者，阴之媒也。

【释义】没有弄清楚真相就要去查实，仔细观察了实情之后再采取行动；反反复复地侦查，是实施隐秘计谋所必需的。

【OTC销售浅解】在OTC销售中用到此计，主要体现在我们在销售中：一方面要虚张声势（打草）来获得客户的订单；另一方面我们要“惊蛇”。在合作之前要对客户有充分的调查，要了解客户的产品情况、销售实力、促销手段和回款的信誉情况，根据调查的情况对客户做一个全面的评估，在合作谈判时就可能发生的“意外情况”做一个充分的说明。

【销售案例】

案例1 “威胁”来的合作

NY药业是一个以控销模式为主的企业，在城区坚持一街一店、一小区一店，在乡镇坚持一镇一店的销售模式。

李明是NY药业的业务员，在A乡镇开发市场。这个乡镇一共有三家药店，其中S药店与修正的合作比较深入，如果再和这家药店合作，意义就不大。因为本来就以修正的产品销售为主，自己的产品再进去就没有多大意义。通过对地理位置和人流量的观察，李明决定重点开发M药店。

李明见到了M药店的李总，说明了来意。李总看完产品之后犹豫不决，这时李明说道：“李总，这个镇上的三家药店我都已经拜访了一遍。由于我们的产品体系有6个独家产品和中药保护品种作为支撑，合计有40多个单品，覆盖了抗生素、呼吸道疾病、妇科、儿科、消化道疾病、心脑血管疾病等多个类别的产品，所以他们都有合作的意向，但都和您一样在犹豫。但是，我们是控销企业，不可能三家药店都去合作的。虽然说他们和仁和、修正有较深的合作，但是由于他们是几十年的老店，我相信我的产品进去之后，通过我的公关，产品的销量不会太差。但是，您这边没有品牌的控销企业和您合作，这笔买卖对于您比对于我更重要。机会有，但不会永远摆着这里，机会也可能会流失掉。”

听了我的一番解说之后，李总答应合作。我说：“李总，我们只和您一家药店合作，在销量上您要给我们一定的保证，要不然，一个镇上我只跟您一家合作，您带卖不带卖的，我可就毁了。既然我给了您市场上独家的保障，我也希望您给我一个销量的保障”。

李总仔细看了我们的产品结构之后，最后签定了合作协议。

和不同人谈业务有不同的谈法。和老板谈业务，一定要谈危机感，要“吓唬”他，但你一定要说的有道理，能够让他信服。所以，这对谈判者的能力有很高的要求。但是大家也不要怕，要对市场有充分的调查并以此为依据来谈，谈他的竞争对手在做什么，谈他的危机在哪里，你能够合作成功的概率还是非常大的。

案例2　做好调查、谈判才更有底气

很多销售代表去谈业务的时候都不会对客户的药店做一个调查。所以，他们谈业务失败的概率很大，还经常被客户敷衍，或者被问的无言以对。

在谈业务之前或者第一次谈业务失败之后，我们一定要在客户的药店里逛一逛了解他们的产品品类和价格体系。另外我们也要加强对竞品的了解，总结出我们产品的优势卖点。

在和安心大药房合作初期，我就对他们的产品做了一番仔细的调查。在品类上，我发现他们的妇科外用产品只有栓剂，没有泡腾片的剂型；在止咳的糖浆类产品中，我发现他们要不就是规格很小，要么就是规格很大，零售价中间也断层了。了解到这一情况之后，在后来和黄经理谈判中，我就有了底气。黄经理说：“你们的产品我都有，暂时没有需求。”

我说：“黄经理是这样的，据我了解，您说这些产品或这类产品您都有，我相信。但是，我在您的门店看的时候也发现了一些问题。比如，您的妇科外用剂型中缺少了泡腾片。泡腾片是靠体液崩解的，在治疗阴道炎方面比栓剂有天然的优势。栓剂是油性的不易吸收，容易污染衣物，异物感比较强。而泡腾片靠体液崩解，容易被人体吸收，不易污染衣物，最重要的是挥发性和流动性比较好，能杀死隐藏在阴道褶皱面的病菌，治疗效果比栓剂要强，建议您考虑购入。

另外，您这边止咳糖浆确实比较多，但是在品规和价格体系的设计上并不算太合理。要不就是规格太少，买一瓶喝不了几次；要不就是品规太大，喝不完造成浪费，但是我们的品规和价格刚好可以补充您这个空缺，完善您的品规和价格体系。”

听我这么有道理地分析，黄经理同意购进我公司的产品，并且和我进一步讨论了药店的品类管理和价差设计，我们成了很好的合作伙伴。

对客户做基本调查，对VIP客户做深入的调查，是我们做OTC销售的一个基本功。没有调查就没有发言权，在我们OTC销售中体现得淋漓尽致。你没有做好充分的调查，所以客户提到你的竞品时，就哑口无言；你没有做好充分的调查，所以你没有办法从产品的角度或者从资源投入的角度来寻求合作的机会。你没有做好充分的调查，所以当你合作上了之后，发现产品可以卖，但是款却收不回来。

【借题发挥】

开发连锁药店前做好三个层面的调查

产品难以进入连锁药店或者进入之后产品滞销，面对这些问题时，我们OTC代表或者KA主管显得无从下手。很多情况下，是因为我们在开发这个连锁药店前，没有细致地做好市场调查，盲目地上产品，甚至产品进入连锁后还沾沾自喜，结果销售不令人满意。那么，我们该如何做市场调查呢？

第一层面：去终端门店看看

因为销售的一个环节是营业员卖给消费者，所以合作之前，一定要到我们目标客户的三家门店去走访一下，看终端门店的情况，听店员的心声。

第一，看。看我们的竞品有哪些产品，陈列的位置如何，陈列面如何，陈列的数量有多少，产品的生产日期，产品上是否有灰尘，竞品的价签是否是一样的标记，零售价是否维护，有没有爆炸贴或者POP、生动化陈列等，通过这些就能发现竞品的一些市场情况，为以后的谈判提供材料。在这里我要说一下，了解零售价的目的是看产品的价格能否有效被维护，没有维价就没有最大利润，在后面的销售谈判中，我们能找到突破口。

第二，问。问我们的竞品卖得怎么样；哪个产品是首推产品；是公司总部下的销售任务，每个月下多少盒的任务，还是卖竞品有高额的提成，提成是多少钱；有没有业务员经常过来维护，对业务员和厂家的印象如何；竞品的业务员是否经常来门店做促销活动；如果我们的产品如何做进这个连锁，给个建议；现在哪个厂家的什么做法你们比较喜欢……这样问的话，营业员会告诉我们去总部应该怎么谈，谈到什么样的程度，他们才会重视，才会有销售。

有的人会说："第一次见面，别人凭什么告诉我这些'机密'?"这个从三个方面来分析：第一，他不说。你买几瓶饮料，给大家带点小礼品，看他说不说？第二，总有些"话"格外多的人，为了能为以后产品做进来之后，给他们带来更大的利益，他们也会"多嘴"的。第三，概率法则，多跑几家门店，多跑几次，总有聊得来的人员。

第二层面：去连锁总部看看

去连锁总部谈之前，我们通过对门店的走访，已经了解终端销售的一些情况，但这是从局部了解的，可能因为门店的位置、门店的规模或者开店的时间不一样，而销量不一样，这样我们都需要去连锁总部了解。

通过跟负责采购的人员初步接洽，我们应了解一下这些问题：第一，一共有多少家门店？年销售额是多少？销售最好的门店是哪几家分店？第二，我们的竞品在这里一年的销量有多少？是达到什么条件做到的首推，是什么形式的首推？第三，我们的竞品是否有全年的销量协议？第四，竞品前五名的全年销售有多少？看自己还有多大的空间和机会。第五，我的产品做进来有哪些条件？第六，如果满足条件，药店如何保障销售？注意，保障销售不等同于保证销量。保证销售，是指连锁药店通过什么可行的措施，让店员有卖产品的动力。

肯定有人会说，第一次见面，人家怎么会告诉我这些信息？还是和搞定店员一样的方法，带点小礼品，多跑几趟，不行找一个和他合作多年的朋友引荐一下，方式方法总是有的。

第三层面：找同行问问

都说同行是冤家，在一个连锁药店销售不同品类的产品，也称不上冤家。我们在做市场调查的时候，一定要找同行问问这个连锁药店的情况。

要弄清以下几个问题：

第一，你和这家连锁的合作情况如何？你是通过什么形式上量的？

第二，厘清这个连锁店里人员基本情况和爱好，以及合作中关键人员。

第三，是做的商业调货还是直供，结账流程如何？结款信誉如何？

第四，作为你的朋友，我要和这家药店合作，你给什么样的建议？

和同行的调查时比较容易，通常可能一个电话就搞定了，也是真实性和有效性比较高的，所以，我们的 OTC 销售人员在日常销售中要广交朋友。

通过这三个层面的实地调查，我们就看清了未来合作中可能出现哪些问题并想好如何应对，甚至在充分调查之后，为我们如何选择合作商也提供了依据。所以，做 OTC 销售一定不要着急，盲目追求上柜，不做系统的调查，最后为滞销埋下了隐患。

第十四计

借尸还魂

【原典】有用者，不可借；不能用者，求借。借不能用者而用之，匪我求童蒙，童蒙求我。

【释义】凡是自身能有所作为的人，往往难以被驾驭和控制，因而不能为我所用；凡是自身不能有所作为的人，往往需要依赖别人求得生存和发展，因而就有可能为我所用。将自身不能有作为的人加以控制和利用，这其中的道理，正与幼稚蒙昧之人需要求助于足智多谋的人，而不是足智多谋的人需要求助于幼稚蒙昧的人一样。

【OTC 销售浅解】在 OTC 销售中用到此计，主要体现在我们在销售中，当我们的销售工作遇到瓶颈或困局时，比如客户不断地拒绝，我们需要借用新的借口来拜访客户。为了销售工作的顺利进行，我们可以抱着友善的态度来进行业务谈判，或者我们借用他人的名号或资源来达到销售的最终目的。总的来说，就是借用一切力量来挽救初次谈判或拜访中的败局，来赢得新的合作机会。

【销售案例】

案例 1　带着销售方案来谈业务

很多业务员谈业务总是喜欢带着一张嘴去谈业务，殊不知在这个“品牌药不挣钱，高毛利药卖不动”的现状之下，客户更多看重的是带着销售方案去谈，告诉客户通过做哪些工作，能够把药卖出去，获得更多的利润。我在内训课或者公开课上反复强调，带着方案去谈业务，会让你事半功倍。

和康信连锁的业务谈判陷入了僵局，问题的症结在于，同类的产品目前都有，但是没有冒尖的销售产品，对我们的产品没有销售信心。尽管我们的产品在剂型上优于其他产品，但是对于销售前景还是不看好。

第一天下午和康信连锁的马总约好，明天来拜访。马总说：“不用来了，你们的东西我们暂时不考虑。”我说：“我有新的销售方案，我相信您会有兴趣的。”

第二天下午准时到达。我说：“马总，与其说您对我们的产品不感兴趣，不如说是我们没有给您提供更好的上量保证，您担心我们的产品会像其他产品一样成为‘鸡肋’。说实话，产品没有量，即使再大的利润空间也不会带来丰厚的利润。我打算这样来和您合作：第一，产品进场，尽量满足您的首推利润空间标准，但是一定要明确您这边完成首推任务的方式，比如下达门店销售指标或者额外奖励带金。然后，我们安排店员培训，详细地用最容易理解的产品知识来解读我们的产品，让店员对产品有信心，给消费者推荐有话术，有理有据；第二，您提供一份各门店档案给我，我要求我的业务员务必跑到每一家店做好陈列和张贴 POP，当然会给店员一些小礼品，询问销售中遇到的困难；第三，我们会在您的药店促销活动日，安排专业的促销人员上门店促销，给店员传递销售信心和办法；第四，在销售情况可观的情况下，我们将安排一系列的联谊活动促进和店员之间的关系，促进销售的进一步发展。

听我说完之后，马总说："既然你们愿意投入这么多来做这么一件事，但是也不能停留在嘴上，需要写在合作协议里。"

同意马总提出的条件，我们开始了合作之旅。

看完这个故事之后，我希望大家以后，不管是单店、诊所，还是连锁药店都要注意，带着方案去谈合作。客户没有功夫来研究怎么帮你把产品畅销起来，他也没有功夫来想象你会做什么工作来帮助产品上量。所以你直接带着你的销售方案去，告诉他你能做什么工作，能有多大效果，可行性有多大，这才是最有吸引力的地方。

案例 2　跟着"跑店"，赢得合作

聪明的业务员就是善于利用一切可以调动的资源来为自己的销售找办法。

很多人不愿意在跑店的时候结识同行，喜欢孤军奋战，老是觉得"同行是冤家"。你一个卖口服药的，他卖外用药的，你们冤什么家啊？另外，你也许不会永远在这个厂家工作，但是朋友是一辈子的。

所以，跑业务中我们要多结识同行，也可以加入一些业务群当中，大家资源共享，相互学习销售技巧，相互吐槽发泄。这样你就不会陷入不知道客户在哪里，客户老谈不定不知道怎么办的困境当中了。

李浩与民药房的业务一直没有谈下来。某日，我和另外厂家的朋友谢龙一起吃饭，提到了这个为民药房。

朋友说，他和这个药店合作两年多了，老板和他关系不错。他说，开始和为民药房打交道都很难，因为这个老板很怕业务员不稳定，给药店带来一些其他的附带损失，所以一般厂家的业务员要来回跑很多次，赢得信任之后才能拿到合作的机会。我提议，让他明天带我公司的业务员李浩去谈业务，只需要他引荐一下，在旁边辅助一下谈判。

第二天，谢龙带着李浩来到了为民药房，为民药房的刘老板和谢龙很熟。谢龙说："刘老板，今儿给你带来了一个财神爷。他们家的老总和我是朋友，这是他们家的业务员小李，业务能力不错，人也很踏实，主要是他们家的产品很好。来，小李，给刘总介绍一下你们的产品。"

基于谢龙和刘老板长期合作的关系，我们很快就合作上了。

所以，我们做业务不要再"苦思冥想"，善于利用好身边的资源。

当你不知道怎么搞定一个药店的时候，不管是开发、维护，还是上量，我教你一个"蠢"办法，你就在药店门口隐蔽的地方待着，看哪个销售代表进去之后在药店里待的时间比较久。待得久，说明和药店很熟悉，说明客情关系好，出来之后请别人吃个饭，喝瓶水，把你的困难告诉他，他的几句点拨，可能比你跑一年都有用。

【借题发挥】

拜访中常用的 "借口"

很多业务，尤其是新人，不知道进药店的第一句话该说什么。店员问："今天来有什么事?"业务员自己也不知道怎么回答，总是不能营造出欢乐的气氛。

这里我给大家准备了一些"借口"，供新人在以后的拜访中参考。

1. 以送名片为由再次拜访

"郭经理，您好！上次忘了给您留名片了，今天专程送来，我是××药业的销售经理鄢圣安，以后请您多多帮忙！"

如果你觉得上面的这段话太刻意，那么换成这样说："郭总，回去之后一直没有等到您要货的计划，是不是我忘了给您名片。今天再给您送一张过来，您看看我们的这个黄金单品××胶囊有没有合作的机会。"

2. 送资料或者物料

“张经理，您好！上次跟您说的××胶囊的展架今天拿过来了，您看放在收款台行吗?”

“张经理，今天我把做促销活动的绿豆送来了，周六的会员日需要我帮忙吗?”

3. 提供活动信息

“张经理，您好！今天过来有一个好消息通知您，‘××胶囊现在购50盒送10盒’，我认为利润空间比较大、有吸引力，您这边参加吗？我一共就5个名额。”

“张经理，我们公司在夏天做了一个‘进100盒送100盒’的促销活动，希望您不要错过这个优惠活动！今天专程过来跟您详细讲解一下活动细则。”

“张经理，我们公司出了一个夏日迪士尼游的活动，今天过来跟您聊聊。”

4. 向客户请教问题或解决疑问

“张经理，您好！针对您上次反映的患者用苦参凝胶有灼热感的情况，我向公司反映了，答复是患者患有宫颈糜烂，宫颈有糜烂面，杀菌的时候会有这种感觉，坚持使用两天就好了。”

“张经理，这段时间我们的××胶囊在您的店里卖得不错，我过来向各位老师请教一下是怎么推荐出去的?”

“张经理，您反映的有些客户乱价的情况，我昨天去了解了情况，并做了处理，今天过来跟您汇报一下。”

5. 借口路过

“张经理，您好！今天路过这边进来看看，您这边最近销量怎么样?”

这个借口是下下策，实在找不到话说得时候，就说这个，因为说顺路过来看看，显得对客户不够重视，容易让客户产生反感。

6. 陪同上司拜访

“张经理，您好！这是我们的闫经理，今天过来拜访您。”

“张经理您好，这是我们公司总经理姚总。听说您这边销售比较好，姚总专门过来看看。”

7. 逢年过节赠送小礼品

“张经理您好，新的一年来了，今天给您送来新的挂历，祝您生意兴隆。”

“张经理您好，端午节到了，我们公司的一点小心意。”

8. 赠送公司免费刊物或者书籍

“张经理您好，这是我公司自己的内刊，里面有一些关于药店销售的资讯，希望对您的销售有所帮助。”

“张经理您好，这是我读的关于药店营销技巧讲得比较好的一本书，买了一本送您，祝您生意兴隆！”

送知识给客户就相当于送钱给客户，比你给客户买几瓶水要强得多。另外，在当前移动互联网盛行的当下，给客户转一些药店营销相关的文章，客户也许不会回应你，但是他一定知道你关心他。

9. 其他事由

“张经理，您好！最近××胶囊的广告打得猛，同济堂安心店日销30盒，咱们这边怎么样？”

“张经理您好，听说您出去旅游了，今天来听您讲讲旅行的故事，让我开开眼界！”

10. 没有理由，例行拜访

“张经理您好，又到拜访你的日子啦！”

例行拜访，显得我们的工作有秩序，也显得我们的工作稳定，给客户一种踏实的感觉。

第十五计

调虎离山

【原典】待天以困之，用人以诱之，往蹇来连。

【释义】等待时机使敌人窘困，用人为的方法诱骗敌人，如果前进有危险，就把敌人引过来。

【OTC 销售浅解】在 OTC 销售中用到此计，主要体现在我们在业务谈判受到别人干扰时，要把这个干扰我们的“虎”调离出去，为业务谈判铺平道路。

在产品销售中，遇到产品的负面消息，比如客户说产品效果不好、回头客少等影响产品销售的负面信息时，我们要及时积极解决，调离影响销量的这只“虎”。学会将那些影响销售的“虎”与客户隔离开，弱化弱势，聚焦优势，为销售提供便利条件，扫清障碍。

【销售案例】

案例 1　支开老板娘，找老板谈业务

销售和生活中经常会发生这样的事，人多的时候，总是很难做抉择，他一句你一句就影响着决策人的思想。业务员谈判中也是这样，很多看似“无关”人的一句话，也决定着业务谈判的效果。

和修和堂的合作一直没有谈下来原因是每一次在和何老板谈业务的时候，老板娘李姐总是在旁边说，品种已经够多了，不想再进新品之类的话。每次我想试图跟她讲解产品的时候，她又说：“你不要跟我讲，我什么都不想听。”弄得我一筹莫展，一直在想用什么办法，引开她，给我一个好好跟何老板谈的机会。

这家药店附近有个麦当劳餐厅，我进去买了一张 100 元的代金券，然后去修和堂拜访何老板。一进门见他儿子在店里玩，我就说：“天气热了，公司给了我几张麦当劳的代金券，我现在有点胖了，不敢吃这些东西，小朋友爱吃这些东西就送给你吧！但是一定要健康饮食，控制好量，满足嘴馋就好了。”说着就递了过去，小朋友一听，可以吃麦当劳，高兴坏了，嚷着让他妈妈带他去，这样，老板娘被我支开了。

剩下的时间，就是我表演的时间了，跟何老板谈了一下我们独家品种在剂型上的优势所带来治疗效果的提升，以及利润空间和后续的服务，结

合其药店的实际情况和价格体系的情况，我们敲定了合作。

等到下次送货的时候，碰见老板娘了，大家也只是微微一笑。货进来了才是第一步，后续的上量工作还是要开展的。

所以，当业务进展不顺利的时候，我们要学会找到关键问题所在，即是什么“老虎”影响着业务合作，既然不能“打死”这只老虎，那么我们就调虎离山，为我们的业务合作扫清障碍。

案例2　合理解释不良反应，为销售助力

产品合作的过程中，也确实会出现一些“不良反应”或者消费者感受不好的情况。有的时候是正常现象，有的时候也可能是消费者使用不当，当然，也有可能是客观存在的“个体差异”。

但是，如果我们不能给客户很好的、有说服力的解释，这些“不良反应”就会影响店员推荐的信心，影响产品的销售。

在推广HZH的过程中，由于这是一个OTC和RX双跨的品种，所以包装盒的不良反应和注意事项中明确指出，并用特殊加黑字体强调“个别患者出现恶心、呕吐”和“本品含大黄素，身体脾胃虚寒、脾胃虚弱及大便次数多者慎用”，外包装盒上也醒目标注出来了。短短的两句话给我们在药店的终端工作带来了很大的困扰。绝大多数的药店老板，不愿意进这个产品，就怕发生说明书里说的这两种情况。

我跟客户解释道：“说明书里说到的不良反应和注意事项，并不是每个小孩喝了这个产品都会发生的。药企本着良心，当然也是按照国家规定做的。在临床试验上，只要有一例因为服用此药产生的不良反应都要写进来，这是对患者负责的态度。其实，写出不良反应的药越多，反而说明产品的安全性越高。说明书上写得很清楚，即使出现了这些反应，只要停药，也就没有事了，再说我们销售了这么多年，也没有见太多的不良反应，要不然这个药也早就停产了。”

我们应该更多关注这个独家产品在治疗上的积极治疗效果，比如它是某知名国医大师1997年研制出来的等，开始讲病理知识和产品知识，最终

还是获得了药店老板的信任。由于产品的治疗效果确实非常好，最后也取得了比较好的销售业绩。

另外我要说的是，其实说明书写的越详细越好，说明产品使用的范围广，出现的不良反应都标注出来了，反而说明了药品的安全性高。很多人误以为有那么多的不良反应，这个产品不安全的想法是错误的。相反，更可怕的是那些不良反应“尚不明确”的产品，才是更可怕。

在这里我要强调一下，如果产品出现过多的不良反应，一定要及时向公司反映，查明原因。

【借题发挥】

客户说产品效果不好怎么解决

有部分学员反映，客户说他们家的药效果不好，不想卖了，因为他不知道如何去回答客户的这个问题。就这个问题，个人根据自己做业务的一些经验，认为咱们既不能强词夺理，也不能承认自己的产品效果不好。

首先，客户判断一个产品的效果不好的原因是什么。

第一种是客户发现没有回头客。每次都是客户推出去的，却没有消费者主动回来找或者找同类产品。客户推你的产品，消费者不要，或者说“上次吃过，效果不佳”。这样就增加了他们的推荐难度，当然不愿意再卖。

第二种是客户直接反馈说效果不好。有的时候是客户的托词，但有的时候也可能是真实存在的事情。

第三种是没有客户回来找。感冒药一次就吃好了，自然没有人回来找嘛。另外，没人回来找还和其销量有关，就算10%的回头率，你推1盒出去，1个人回来找，感觉不到，但是推100盒出去，有10个人回来找，就有感觉了。

那么影响产品效果的因素有哪些？

第一，卖出去的产品有没有对症。比如是清肺热的产品，你推荐给口腔溃疡或者风火牙痛的人使用，自然效果不好。笔者就经历过这样滑稽的故事，药房为了挣钱而不对症下药。这个我们需要向客户了解，或者开展店员培训，提高他们的专业化水平，学会对症下药。

第二，有没有按疗程服用。比如一些慢性病，不可能通过一两盒药就能解决问题的。你想，慢性病就是长年累月积攒下来的，想通过一两盒解决是不可能的，需要按疗程服用。

第三，是否有联合用药，因为有些疾病要想快速解决，必须联合用药。比如春季的过敏性皮炎，如果单纯使用氯雷他定这类口服药，效果比较慢，如果配合使用丹皮酚软膏等产品，起效会更快。

另外就是单纯的一种药，可能解决患者的病症比较单一。比如咳嗽你不能只吃止咳药，病根是感冒还是支气管炎，针对病因的产品也是要推荐的。

可能说了上面的内容，客户还是不信服你的说法，那么就用最狠的办法，用数据说说同样情况的客户，他们是怎么做的或者你是怎么处理的。

当然，如果是真的有很多药房都反映类似的情况，那么你就要真的想想是不是你的产品问题了。在这里我就不多说了，还是那句话，卖药要有良心，无效药或者安慰剂，不要卖。

第十六计

欲擒故纵

【原典】逼则反兵；走则减势。紧随勿迫，累其气力，消其斗志，散而后擒，兵不血刃。需，有孚，光。

【释义】逼迫敌人太紧，他可能因此拼死反扑，若让他逃跑则可减弱他的气势。追击敌人的时候紧紧跟随但不要逼迫，这样一来，可以消耗敌人的体力，瓦解他们的斗志，等到敌人溃不成军时再追捕他，就可以不费吹灰之力了。这就是“需，有孚，光”的道理。

【OTC销售浅解】在OTC销售中用到此计，主要体现在我们在销售中总想一次性将业务谈成，结果急功近利，反而“欲速则不达”。

在销售谈判中，切记不要急功近利、过度热情，因为客户接受我们的销售也需要一段时间。客户有自己比较固执的想法，我们越用力推销，反而越招致他的排斥和抵触。此时，我们不如给他一两天的考虑时间，来缓解一下紧张的气氛，寻求新的办法来打动他。

在客情维护中，客户会提出一些需求，能满足的时候尽量满足，因为迟早有一天，他们会通过产品销售还给我们的。还有就是我们一定要明白从古至今的一个道理：一定是先有付出，才会有收获。先让客户舒服，先让客户了解我们，自然在以后的销售中，客户都会回馈的。

【销售案例】

案例1　有送有还

在日常拜访中，客户要求我们送点小礼品太正常不过了。有些代表送些笔、笔记本什么的还可以，都是公司定制的，可是当客户要求其他的礼品，需要自己掏钱时，很多业务就不愿意了。其实，只要我们认准了这个客户，我们送出去的东西，最终，客户都会用销量来回馈我们的。

某日拜访仁康堂大药房，店老板周姐正在抱怨某厂家业务员：一年了，卖了这么多货，让他送个电扇还那么费劲儿，申请了好几次到最后还是没有。听到这个抱怨，我就问，怎么突然想要个电扇？周老板说，女儿马上要从老家来北京过暑假了，吹空调怕染上空调病，天气不是太热，就想弄个电扇解决一下。听到这里我说：“周姐，我表个态，这个电扇我送了，而且送个品牌的，明天您就可以收到，我到京东上买，直接送到您这里来。”

周姐听后半信半疑，估计也是在看我的表现。

回家后，我就在网上把电扇买了，直接快递到药店。第二天，收到了周姐的电话，说电扇收到了，非常感谢我，小伙子干事就是爽快，顺便报了一些计划。这个计划挣得提成已经购买这个电扇了，我没有要求她进更多的货，这个时候提要求，显得太俗气。

过了一段时间，又去周姐的店里拜访，谈到了最近的销售指标压力很重，顺便问了一下电扇的使用状况怎么样，发票要收好，出了问题可以联系售后客服的。最后，请周姐帮忙报些计划来帮我渡过难关，周姐欣然答应。

给客户送东西在我们销售中太常见了，有的人送的欢天喜地，有的人送的你不情我不愿的，有的人斤斤计较。其实在这个行业做久了你会发现，你对客户的好，客户在不久的将来都会用销量来回馈你的。你用心做好你该做的事情，挣钱的事情，不请自来！

案例2　互帮互助

每个药店都免不了搞促销活动，促销活动就需要有礼品。礼品对于药店来说就多了一份开支，而药店老板总是想得到这些礼品又想省去这笔开支，这样我们的机会就来了。

康泰大药房的黄姐准备联合修正药业在八月中旬举办一次小型的促销活动，一般来说，其他厂家很难参与进来。一日拜访，正好碰见他们在讨论，想准备一些绿豆来送消费者，规定“当日买够 38 元的药品，送一袋 250 克的绿豆。”

去哪里买绿豆解决了，随后包装又成了问题。店里人手不够，促销的时候还担心店员不够。我突然说道：“这个绿豆我来买，我提供 100 袋绿豆和 20 提维达的纸巾，提供至少一名业务员来派发礼品维护秩序，和至少一名促销员来促销我公司产品并协助您的店员帮忙销售。”

正好我的产品进店才一个多月，也需要这个机会来宣传。黄姐说：“你不会也跟我提活动促销后进多少钱的货吧?”我说道：“这种事情我不干，活动这三天我可以给你提供一名促销员来促销我的产品。这样，您是不是得备点货？我那个促销员很厉害的，别到时候没货卖。您只需要购进3500 元的货，并且给您一个星期的账期，您看怎么样？”

黄姐欣然答应，礼品的问题解决了。虽然进了一些货，但是有促销员三天的促销，也消化了很多的产品，再加上一个星期的账期，基本上做这个买卖就没有压力了。

给药店更多的好处，它才会给我们更多的机会。先予后取，先满足它，再让它满足我们。

做业务久了，我们就发现，客户不做我们的产品，客户不会垮；我们不做这个客户，公司也不会垮。但这个都不是我们双方所想要的，我们需要的是共赢。你做我的产品挣了钱，我们做你这个客户也挣到了钱。我们和客户之间都不是谁求着谁办事，“互帮互助，合作共赢”才是我们跟客户合作的基础。

【借题发挥】

要协助药店搞一场促销活动

上内训课时，我经常会问业务员：“你们有参加过或者协助药店搞过促销活动吗？”

有的人回答：“当然有，我们公司要求开展试喷试贴试用的活动。这是我们跟客户合作的一个条件。”

有的企业说：“跟客户搞活动是我们压货的一个必要手段，不搞活动不行。尤其是像‘控销’企业那样，活动不仅要搞，而且还要经常搞。”

另外一部分人说：“从来没有跟客户搞过活动，我们公司没有这方面的经费支持，没有物料支持，也没有人员支持，所以活动不曾搞过。”

大家有个误区，好像活动必须是公司层面要开展的一样，其实不是这样的。搞活动或者协助促销，不一定是你公司的专场，或者要求活动当日必须要卖出多少货，搞活动还有一个重要的目标是建立客情。

大家忽视了一点，药店促销活动当日，其实卖的更多是心脑血管的处方药和保健品，食品、药品在其中占的比例非常少。但是搞活动对药店来说，有两大难点，一是活动的策划，二是人员的安排。

很多控销企业最开始搞活动受到客户欢迎的原因是这样的：客户希望搞活动来突击销量，因为消费者不在自己的店里买很可能去别人的药店买，通过活动的优惠来稳定会员。

厂家的需求点是，通过促销活动来压货给客户。厂家有活动方案、礼品支持、人员支持、资源支持等刚好又解决了客户这方面能力弱的特点，所以形成了厂家给客户提供两天活动的所有礼品和人员支持，但是，客户要把这两天的营业额用或者部分营业额来现款购进厂家的产品，貌似是一个双赢的局面。

发展到后来，只有卖合作厂家的药才送鸡蛋或者礼品，导致消费者有情绪。药店也越来越意识到，这个买卖好像不太划算，最后销售额都压了厂家的货。所以到现在，很多药店学会了做促销活动的方法之后，都自己策划活动，也不压厂家的货，进行全场的买赠活动，但是缺少促销人员的弊端还是没有解决。

所以，协助企业搞活动的事情就有了我们参与的条件。两天或者一天的促销活动搞下来，一是宣传了我们企业的产品，二是能让我们和店员建立良好的客情，在日常的销售活动中，店员也会主动去推荐我们的产品。

你想，一两天的时间，大家一起工作，一起吃饭，互相帮忙，客情关系升温得非常快。两天的接触，如果你是一个细心的人，店员谁跟谁的关系好，谁跟谁的关系不好，哪个人最会卖药，他们和哪个厂家的业务员比较熟，爱卖哪些产品，不爱卖哪些产品都一目了然。所以，协助店员搞活动，业务员确实有必要参加。

就算你们公司没有促销员或者展台物料，你过去帮忙发鸡蛋或者维护秩序，药店的老板们也是非常欢迎的。你不要老想着卖你的产品，当你对整个药店了解清楚，提升了客情关系，卖货也就成了顺水推舟的事。

所以，先付出后有回报的道理一定是真的。朋友们，多去参加客户的促销活动，会对你的销售有很大的帮助。

在这里我想说一下的是，我们搞销售不能太“势利眼”。跟你产品销售有关，我们就干，跟自己的产品不挂钩，就事不关己高高挂起，这是不合适的。因为我们给客户的服务有三种层次，最低的层次是“份内必须完成的”，那么给客户的感觉是“还不错”；较高层次是“可做可不做的”，给客户的感觉是“相当好”；最高层次是“销售完全无关的”，给客户的感觉是“好朋友”。你想给客户什么感觉，就去帮客户做什么层次的事情！

第十七计

抛砖引玉

【原典】类以诱之，击蒙也。

【释义】用类似的东西去蒙骗敌人，然后打击被蒙骗的敌人。

【OTC 销售浅解】在 OTC 销售中用到此计，主要体现在我们在销售中“抛出我们的产品来吸引消费者的购买”。具体说来就是，我们利用示范或者产品使用，来激发消费者的购买欲望，从而完成销售。

这一办法在销售中很管用，只要产品疗效确切，定能取得一定的销售效果。通过这种方式销售成功，更能够增加药店老板和店员的销售信心，为进一步的销售提供铺垫。

另外，我们要对自己的产品充满信心，我们的产品是“玉”而不是“砖”，只有我们把自己的产品当成是“玉”才会在谈判中倍显自信。那么如何“抛砖引玉”，我们在介绍产品的时候就有要求。我们一定要有特色地介绍我们的产品，如何介绍呢？

【销售案例】

案例1 试喷，喷出效果喷出销量

刚进入药店的新品，上量需要一定时间，主要是店员需要了解和熟悉这个产品，最重要的是要对销售这个产品的信心。信心从何而来？一方面来自于厂家的店员培训，这难免有“王婆买卖瓜自卖自夸”的嫌疑。虽对店员的销售信心有影响，但这个影响不及消费者用药后的反馈。消费者用药后反映良好，更能激励店员去主动推荐这个产品。

SX 刚进入安康大药房销售时，销售状况并不是很好，于是，我让业务员买了一瓶放在药店作为试用装。凡是有风湿疼痛、腰肌劳损、跌打损伤的患者都可以免费试喷，喷后揉一到两分钟，效果好就买，效果不好就不用买。因为我们厂家对产品有信心，所以我们敢承诺。

某日，一环卫工人腰肌劳损来药店买药，本来是想买某一种止疼的西药口服药。店员说，这种药是全身用药，肝脏代谢，对身体的损伤比较大，这里有个免费试喷的外用药，局部用药，不会给全身带来副作用。这个患者一听说是免费的，也愿意试用。按照正确的使用办法，用后有微微发热的感觉，疼痛也减轻了不少，于是跟店员说，这个产品不错，买一瓶。

这次成功推销后，店员的信心大增，凡是有这方面病情的患者，都会让他们主动去试用，试用的多了，反馈疗效明显的多了，就更有信心，更愿意去推。

后来，借助于他们药店的促销日，我又将公司的促销员派过去，专门做了两天的促销。促销员的问诊技巧和推荐用药的技巧，给了店员新的销售思路和方法，信心也越来越大，从开始一个月 5 瓶的销量，到后来每个月平均 50 瓶的销量，整整翻了十倍。

后来我向营业员“取经”，为什么能将我们的产品销售好，营业员跟我道出了奥秘。他说：“鄢总，产品能够卖得好，主要是因为有这个试用装。按照您的‘指示’，只要是颈肩腰腿痛的人来了，我们都给他试喷。嫌贵的人喷了之后，发现效果好，就直接购买了。另外，有的人我们给他试喷又加点按摩，他不买就不好意思啦。所以一般只要我们试喷了，成功率就非常高。成功率高和消费者反馈效果好，自然我们也增加了不少的信心！”

产品畅销有畅销的理由，滞销有滞销的原因。我们发现了畅销的这块“玉”就要把它抛给更多的客户，让更多的客户受益。

案例 2　比较，比出来的销售机会

在同质化产品竞争激烈的今天，同一个产品生产的厂家很多，也导致了价格很乱，但产品的质量肯定是不一样的。产品的质量通过治疗的效果是可以体现出来的。但是，往往我们通过表面的一些东西，就能看出产品的质量，比如包装盒的质量、产品的溶解度，尤其是颗粒剂、泡腾片等剂型是最好演示的。

我们在推广板蓝根颗粒的过程中，就遇到了这个难题。由于板蓝根颗粒的市场需求量比较大，所以做的企业也比较多，甚至一个地区至少有十个板蓝根颗粒品牌。但是销量最好的是白云山牌的，除了品质，还有一些历史原因在里面。我们的板蓝根颗粒想有所突破，难度很大，因为这是大普药，而我们的价格却不低。

在与康仁大药房谈判的过程中，郭老板提到，板蓝根颗粒不就那么回事，还有什么谁的产品好，谁的产品差的问题，这么简单的一个药有那么复杂？

我说："大家都说一分钱一分货，价格贵，自然不是平白无故的。先不说别的，就产品的溶解度和产品的口感来说，我们的产品质量就比其他厂家的强。为了跟您合作，我可以给您做个试验。"

我拿了一袋白云山的，一袋别的厂家的，然后是我们自己厂家的，用温水同时在方便杯中冲开，结果我们的产品溶解速度和溶解的质量和白云山的基本一致，尝了之后口感也差不多。而另外一个厂家的产品溶解速度慢，喝到嘴里的口感也就是糖水的味道。在这么有力的实验结果面前，郭老板大跌眼镜，也表示以后就和我们合作。疗效、质量高的产品，才是药店在激烈竞争中生存下来的良好基石。

好产品不怕演示，演示是最有效的谈判。

当你发现你的产品是"玉"，而别人的产品是"石头"的时候，不妨就带着"玉"和"石头"一起去谈业务，这样最直接的对比才是最有说服力的。

【借题发挥】

解密 OTC 销售谈判中"产品介绍"的关键点

据我观察，至少超过 85% 的 OTC 终端销售人员在开发新客户时是这样的场景：自我介绍完之后，递给采购人员一本产品彩页，然后默默等待答复；或者喋喋不休地自言自语，采购人员一直不吭声，最后来一句"这些产品或者同类的产品我们都有，暂时不需要，有需要联系你"！然后，你也礼貌地告别了。出门之后，又用同样的方式跑下一家药店。你寄希望有一个伯乐（药店采购）能相中你的好马（产品）。事情说到这里，你大概知道，为什么你老是被别人拒绝了吧！对，没有技巧，今天就和大家分享一下，销售谈判中，介绍产品时要注意的问题。

1. 要有重点地介绍产品，切记让客户自己乱翻彩页

在销售实战中和我的内训课演练中，我无数次发现，你要让客户自己翻彩页，谈判死亡率 90% 以上。你想想，抛开价格不谈，在产品严重同质化的今天，就算没有同名的，同类产品也不少啊，你让他自己翻，只有一个结果——这些产品我们都有。

那么如何破解？

（1）有重点地介绍产品。在客户准备开始乱翻彩页的时候，你就要发话了。一是引导客户看你的重点产品。比如：“张经理您好，这个第一页的××气雾剂是我们公司的核心产品，也是我合作的那些客户的必备产品，现在单店销量都在50盒以上，它的主要功能是……（开始说产品知识）”引导我们的采购人员来关注。

或者你之前看过他店里的产品结构，你可以说：“张经理，我看了一下，你店里的妇科外用产品缺一个剂型——泡腾片。我们公司有××泡腾片，很多单店都在卖，效果好，利润空间大。泡腾片的优势在于……（产品知识展示）”亦或者说：“我们有个泻火的产品××片，传统的泻火药都在十几元左右，但是我们的卖24元，效果非常好。组方里比其他产品多了一个某某成分，大大提高了效果，您这样卖，可以减少推荐的难度……（销售技巧展示）”。

（2）有主题地推荐产品。比如秋季是皮肤过敏和脚气用药开始提量的时候，你可以针对秋季的产品做重点推荐，进产品多少盒可以享受到什么样的销售政策，等等。

总之一句话，你要引导采购人员看产品彩页和挑选产品，不要让他一个人或者你一个人唱独角戏。

2. 不要背诵产品知识，最好是一问一答

产品知识有多重要，我在这里不再重复。总之一句话，产品知识是解决所有销售异议的有力武器。我自己做销售或者在内训当中，就要求OTC销售人员准备一个产品的三个版本的知识。

一分钟产品介绍——开始介绍产品时，你要在最快的时间内把产品说清楚，它是治什么的，与别的产品有何不同。

五分钟产品介绍——对产品知识进一步细化，能够讲得更深入。

半小时产品介绍——除了产品知识还要融入销售故事，让你的产品效果更生动化地体现出来。

而现实谈判和内训演练中，我发现多半是出现了两种极端的情况。

（1）没有话说。超过70%的OTC代表，介绍自己的核心产品时，用时不到30秒讲完。这一类销售代表显然是产品知识不丰富，自己家里有个金坨坨却没有发现。

（2）喋喋不休，像机关枪一样，一梭子打完。这一类是产品知识准备的丰富，却没有很好地演绎出来，只管自己说得爽了，没有考虑采购人员的感受。

所以最好的方式是，先一分钟把产品说清楚，然后是采购人员问什么，就回答什么。一问一答，话不多，却解决了采购人员最关心的问题。

3. 独角戏，没有让双方同时参与到销售过程中来

互动是OTC销售谈判当中不可缺少的。很多时候，我们碰到的情景是这样的：采购人员在独自看产品，你在等待回音，或者你一个人在喋喋不休地讲解产品，采购人员在玩他的手机或者电脑。客气的人稍微应付一下你，不过结果是一样的一句话："先放下我看看，有需要联系你。"那么我们该如何破解这一头疼的状况呢？

（1）引导采购人员看彩页，提高他的关注度。至于如何引导，这里不再重复，就是第一条所讲的，提高他的关注度。有一个办法，就是把产品的样盒或者样品递到他手中，让他看，让他参与到销售当中。只有参与进来，他才不会置身事外。

（2）提一些引导性的问题。比如："张经理，您听了我的介绍，觉得我们的产品怎么样？""张经理，跟您讲解完这个产品之后，您的销售信心是不是大涨？""张经理，对于这个产品您有什么高见？"让他说，不怕他说不好的，只要他说，那么他还是在意的。只要他在意，我们解决他的疑虑就能成交。不要怕他说，欢迎他说。

4. 穿插故事和数据

讲故事和列数据也要用到产品介绍当中去。中国人都爱听故事，故事也让这个产品更富有活力和生命力，展现在客户面前也会更有吸引力。列数据，让我们陈述的数据更具有说服力。比如你说你的产品有效率更好，可能客户没有直观的感受，但是你说："金戈含的是50mg的枸橼酸西地那非，总有效率是77%，而万菲乐含100mg的枸橼酸西地那非，总有效率是84%。"这样数据一对比，客户自然就有感觉了。

第十八计 擒贼擒王

【原典】摧其坚，夺其魁，以解其体。龙战于野，其道穷也。

【释义】摧毁敌人的中坚力量，就要先抓住他们的首领，这样就可以瓦解这个敌人。即使强龙争斗在陆地之上，也是一样会陷入困顿的绝境。

【OTC销售浅解】在OTC销售中用到此计，主要体现在我们在销售中，谈产品进店，就要找有采购权的关键人物进行业务谈判；产品上量，就要找那些在推荐产品方面有经验的店员或者销售业绩较好的店员，或者找到那些能影响产品销售的关键人士。

另外，用到此计就是我们要找出业务谈判受阻中核心的疑问是什么并解决。如果只是解决一些边边角角的事情，在业务谈判时就没有多大影响力。

“擒王”的另外一个关键点是，我们要善于抓住“核心”问题，解决客户最关心的问题，然后达到销售和上量的目的。

【销售案例】

案例1　找到关键人，少走弯路

凭经验和常识做业务，是众多业务员常用的办法。但是，有的时候当我们的产品用这些常规的经验去做无法上量的时候，就应该思考，是不是我们没有抓住主要矛盾，没有解决销售出现困局的根本原因？

在和卫康2店合作的时候就出现了这样的问题。卫康大药房是B市的传统老连锁药店，由于总部对门店的控制力不强，所以我们采用的策略是门店带费用做。在其他的分店，我们都是直接找店长谈政策，让他从总部进货。由于政策比较大，所以销量非常可观。可是唯独卫康2店一直做不起来，店长也找了很多次，政策也说得非常清楚，就是不奏效。

某日拜访，恰逢其他厂家的业务员拜访，看到这个业务员只是跟店长简单寒暄了几句，便和店员中的一个年纪比较大的店员开心地聊了起来。于是，我就在店外等着他，准备跟他取取经。他出来之后，我递上一根烟，边抽边谈我的困惑。他说道：“老弟，你果然看得明白，这个店的情况很特殊。你看他们店长换得很频繁，基本三个月换一个，店长都管不住这些店员。其实，这个店里面的郭姐（前面提到的年纪比较大的店员）才是最有话语权的，店员都听她的指挥，你有什么东西跟她谈，会有效的。”

再次拜访，我就找到了郭姐，给她谈清楚了政策，并且给他们买了瓶饮料，顺便和他们做了一下简单的产品培训。经过其他厂家朋友的点拨，立马就奏效了，由于我的产品同类竞品比较少，上量很迅速，这个店就这么做活了。

我给大家一些提醒，当你跟一个人谈了三次业务或者持续无法上量，用了很多手段还是没法搞定的时候，你需要思考两个问题：第一，他是不是被竞争对手收买了？第二，他到底是不是采购或者上量的决策人？

案例2　不把精力放在无效的客户上

销售从来就不是一厢情愿的事，必须是药企和药店的相互配合，最终才能各自得到应有的利益。如果只是一方的努力，最终很难把产品做起来。

和安心连锁药店合作快一年了，这个小型连锁店的回款量与药店的数量是极其不匹配的。这种温水煮青蛙的销售不是我所想要的，于是我去找他们的黄姐重新进行业务谈判。

谈，当然是带着方案谈。我给药店的负责人黄姐分析了目前的销售情况，提出了让我的产品做首推的想法。药店只需要将我的产品作为首推，我们可以提供给门店的店员培训，包括联合用药的培训、提供促销礼品、安排促销员在活动日到店促销等一些支持措施。但是，黄姐还是表示不能把我们的产品作为首推产品，具体的原因也没有说，只是说觉得现在实销实结的方式比较好，差货就补货，不愿意做改变。

既然如此，我就打算放弃这个店，我说这样的应收账款和每个月的回款量，在公司看来是不合理的，而我每个月的绩效还会扣钱，到时候效期产品的退回会给我带来更大的困扰。所以，我主动放弃了这个客户。

虽然我不鼓励轻易放弃客户，但是当我们寻求销量上的改变，愿意让出利润空间来配合客户销售，让客户获得更大的利益，也让我们的产品销售更好时，客户仍然不愿意改变，而是安于现状，尤其是很惨的现状，我们只好放弃客户，花精力去维护那些值得维护的客户。

我个人的观点是，给自己一个限定的次数或者时间，如果运用了自己能力范围内的所有技巧还是没有搞定客户，我觉得可以放弃，去开发别的客户，没有必要在一棵树上吊死！

【借题发挥】

连锁药店采购绩效考核标准，引进产品和淘汰产品的“黄金标准”

很多人的业务做得艰难，我说那是“罪有应得”，为什么这么说呢？因为你们都是“自私”的人。你们找别人谈业务只会关心自己，“鼓吹”自己的产品有多么好、多么畅销，总是想让别人进你的货，让别人掏钱。殊不知，让人掏钱是一件非常痛苦的事情。而我们很多人跑业务，给人的感觉就两点：不是来要钱的（或者说是收款的）就是来压货的，从来不关心别人的感受。我们的产品进不了场，我们就骂连锁药店的老板或者采购员不近人情。我想问一句，你关心过人家吗？你关心人家的工资都有哪些考核吗？你能满足别人的考核要求吗？

连锁药店采购经理的主要考核项目：

（1）到货率、满足率

公司缺货的产品，采购经理有没有办法采购回来。一个好的采购经理是别人采不到的货，他有资源采购；都能采得到货，他能够以较低的价格采到。如果对于门店的需求，采购经理采不回来或者满足不了，在采购的绩效考核当中，都会扣钱的。

那么，我们就要想办法让我们的产品作为连锁药店重要的采购产品。一旦产品畅销起来，如果连锁药店不结款，我们就可以以“断货”来威胁，让他们优先回我们的款。

（2）新品种销售、动销率

为什么采购不愿意购进你的产品？就是购进你的产品有风险。一旦购进的产品，如果不能够正常销售，出现滞销，不管是商业调拨，还是厂家直供，都会给采购经理的绩效考核带来麻烦。所以，如果不满足采购条件，他们是不会轻易给自己“找麻烦”的。

（3）毛利率

这个就是为什么采购将你的扣率不断往下压的原因，因为毛利率的硬性指标考核着他们，所以不得不压低扣率，来满足毛利率的需求。

（4）营业外收入

营业外收入是药店重要的利润组成部分。所以，你经常做连锁药店会碰到很多的“苛捐杂税”，比如进场费、陈列费、促销费、年终答谢费、新店开业费，等等。有一点要说的是，每个公司的采购都会有一定指标，但是这个钱收你的可多可少、可有可无，因为你不一定是这个“倒霉鬼”，把你的少收一点，把人家的多收一点，也是可以的。至于为什么要少收你的进场费，你好好反问一下自己，给一个理由。

（5）库存周转天数

这就是为什么客户不愿意多压货的原因。货物的周转也是采购的一个重要考核项目，压多了，周转天数多，扣他的钱，他自然也不愿意。所以，动销才是核心内容，光谈压货没有意义，要谈动销或者动销方案。因为压货的基准最重要的一点，是根据动销的实际情况来决定压货的数量，二是业务员和他之间的客情关系，但是这一点也是建立在第一点的基础之上。

（6）商品淘汰率

对于滞销或者不合格的产品，淘汰也是一项重要的考核项目。所以，我们要密切关注客户淘汰产品的标准，不要等自然销售三个月之后，再去考虑动销的问题。换在这个时候，已经没有机会了。因为现在，三个月产品动销不好，就会被淘汰掉。

连锁药店采购产品的条件：

（1）引进的产品是产品品类规划的需要（品牌、价格带、利润）。

（2）引进的产品能够引起品类销量的提升。

（3）产品补充的需要（老品淘汰、临床产品）。

（4）企业提供的动销措施或者增值服务有吸引力。

（5）公司购货条件的标准或要求（毛利率、购货条件）。

（6）临床产品一进一出。

连锁药店淘汰产品的条件：

（1）销量低于预期标准（一般是三个月销售低于首次进货的50%）。

（2）厂家对动销的支持不够。

（3）商品品类调整的需要。

（4）终端价格没有维护，毛利率、毛利额下降较快。

（5）进货价和零售价明显虚高，有更好的替代品。

（6）销售政策不稳定或者无法及时兑付。

（7）供货不稳定。

（8）出现产品质量问题，国家强制停止销售。

第十九计

釜底抽薪

【原典】不敌其力，而消其势，兑下乾上之象。

【释义】不攻打敌人最坚强的部位，而削弱敌人最坚强部位的力量来源，从履卦的原理出发，分离至刚至阳的乾的力量。

【OTC 销售浅解】在 OTC 销售中用到此计，主要体现在我们在销售中要学会察言观色，善于辨别客户“敷衍、欺骗”的话语，找到问题的根源来解决问题。或者善于发现客户的需求，解决他的真实需求，而不是停留在表面，解决面子上的工作。

另外，我们经常会提到销售就是“察言、观色、攻心”，那么我们在 OTC 销售中，也要学会用这些细微的观察找到采购关键人的爱好，找到攻破他或者和他提升客情的关键点。

【销售案例】

案例 1　注重办公室外的沟通

很多销售代表不会在工作之余联系我们的客户，尤其是销售工作中的“困难户”。其实，很多问题只有在私下才能找到真实原因，解决了真实的原因才能解决根本的问题。因为在工作场合，你得到的多数是冠冕堂皇的答案，是对销售没有多少用处的。

刚接手 Z 连锁药房时，光应收账款就有 10 多万元，由于业务员跟进不及时，造成了送货票据、税票及账务一片混乱。之前的业务员已经有一年没有从连锁药房回一笔款，为了冲销售，还发了几笔货给这个药店，这一下就更乱了。

由于是新接手，我连续拜访了三次负责我们产品采购的经理，问到结款的问题，他一律回答都是不知道、不清楚。咨询之前的业务员，业务员说有一部分票据在采购手上，并没有拿到钱，但采购予以否认。

问这件事情怎么解决，对方说让公司出对账函什么的，搞了一大堆的流程让我跑。我也就当学习他们的流程了，可是到最后，还是没有拿到货款。因为这些流程上的事情我会经常找他，也会带点礼品什么，大家也算是彼此了解了，所以我想我该换一下沟通的方式了。

晚上 7 点半，我给采购打电话说：“我只想有一个结果，我想拿到一部分货款，原因是我刚来公司，想展示一下我的实力。我可以将我的提成2%全部拿出作为回报（当然，我的提成肯定高于2%，要不然没有人会乐于做出力不讨好的事），只要拿到承兑汇票我就把钱转账给他，并且只要跟我合作，只要业务是我负责结的款，所有的款都有回报。”谈完之后，他承认有一部分票据在他手上，让我等通知去拿承兑汇票。

28日我得到通知拿到了一笔3万元的承兑，并且按照约定及时支付了回报。由于双方都是很守信的人，接下来的合作也是非常愉快，按照正常的流程，我结回了应收账款的80%，并且发货和销售恢复到正常。

所以，我们业务工作不要停留在表面，很多时候需要做得更深入一些。有的时候不是太困难，而是我们花的心思不够！办公室以外的交流才更有效，在办公室听到的多半是“官话”、“套话”，都是没有用的话。要听真话，还是要靠私下的交流。

案例2　一杯咖啡的力量

作为销售人员，平日给客户送点小礼品是再正常不过的事情。可是，往往会出现你送的东西并非是客户所喜欢的，所以也很难达到自己的目的。

曾经做业务期间，和ZY连锁的采购李总合作，就发生过这样的神奇案例，一杯咖啡搞定了他。

ZY连锁购进我们公司的产品一直是有需求就购点，商品的流向很分散，多数是10盒、8盒的进。我想谈谈，看能不能整件进货：一方面我的销售数据比较好看，另一方面，我也可以给点促销政策把连锁的总体销量做起来。

前期去谈了几次，带了几次水也不奏效，看到其他厂家送的一些什么笔、本子之类的，更不用说，没有什么特别之处。

突然，有一天我发现，每次去李总的桌上会有一罐雀巢咖啡，我想，我的机会来了。于是买了同一款的咖啡，只买了一瓶，然后谈业务时就放在了他的桌上。我说：“每次来都看您喝这个，今天就带了点儿。不敢带多主要是办公场合，人太多，晚会儿我在京东上给您定一件。”

这样的一个开头让他很吃惊，说我还挺细心的，我也笑了笑，接下来的业务谈得很顺利。

以后，每次去拜访，我总会带上这个品牌的咖啡。当然“礼尚往来”，每个月从他这里也可以获得将近1千元的提成。

当你对客户开始用心的时候，他会感觉到的。你对他用心了，他就对你的产品上心了。

做业务要学会“釜底抽薪”，学会观察人，找出他的兴趣点，对症下药，才能有效。

【借题发挥】

OTC销售要学会察言、观色、攻心

销售是什么？有专家说销售就是“察言、观色、攻心”。我觉得不管销售什么，首先是建立在专业性的基础上，你比客户更懂，你比客户更了解产品。

销售是动态的，而不是静态的，意思就是负责药品采购或者销售的人是会变的。随着时间的推移，或者随着你行为的变化，对你推广的态度也是会发生变化的。

经常会有业务员会问我：“鄢总，一个客户我跟了5次，还是没有成交。”我说：“你每次跟进是不是说一样的话，办一样的事？”他回答是的。我说：“那就对了，你的语言和行为没有发生变化，自然你的结果也不会发生变化。”

那么，语言和行为发生变化的依据是什么？就是我在这里想说的，通过“察言、观色、攻心”来改变销售的结果。

“察言”是什么？就是你要学会听懂客户的话，他想表达的真实意思是什么。比如我在拜访一个连锁药店采购的时候，谈到上量这一块儿，我说：“你们不是规定门店店员不能带金吗？”采购说：“是的，是这么要求的，但是我们从来没有说你们不可以送东西给他们。”这个就学问大了，我一下子明白终端该怎么做了。

还有就是采购经常问，30 扣可以供货吗？我说可以。采购问："那你为什么 40 扣供货给我们？"我说要服务好你们。他说："行，就 40 扣做！"这都是要听懂话。

在办公室里，在一个开放的平台之下，我们听到的多是面子上的话，或者是官话、套话。要听到真实的话，我们还是需要私下电话联系的。

"观色"是什么？就是观察力。你要会观察客户，观察客户的喜好来突出自己的与众不同，寻求到合作的机会。每个人都有自己的喜好，但你满足他的喜好的时候，他会觉得你和他是同一类人，这样你们更容易交流。

曾经碰到某采购爱喝罐装的可口可乐，所以第二次拜访，我也带一盒罐装的可乐，一下子就建立起了良好的客情。也有人带别的饮料，但是效果就差远了。当你关心他的时候，他就开始关注你。所以，拜访客户的时候，你要留意他桌上放着什么饮料，抽什么牌子的烟，看他的朋友圈了解他的爱好和关注点，那么你的业务开展起来会容易很多。

"攻心"就是占领客户的心智。客户每天接触的销售代表实在太多，就像每天我们接触到的广告信息一样多，如何在客户的心目中留下深刻的印象？留下的速度有多快，决定了你和客户之间建立感情的时间需要多久，印象有多深。察言、观色的最终目的就是通过与众不同来占领客户的心智，让自己跟客户能有合作的机会。

销售中我们要做一个有心人，听懂客户的话，读懂客户的行为，然后拿下客户。

第二十计

浑水摸鱼

【原典】乘其阴乱，利其弱而无主。随，以向晦入宴息。

【释义】乘敌人的内部发生混乱，利用它力量薄弱而没有主见的情况，让他顺从我，像人随天时一样作息，显得习惯、自然。

【OTC销售浅解】在OTC销售中用到此计，主要体现在我们在销售中要故意制造假象来混淆视听。混淆客户的视线来争取时间，赢得合作的机会。多用于产品报价，比如我们提高供货价然后再做销售奖励，解决销售中的疑问、客情维护中的困难，等等。

当然，我们也要防止我们的客户“浑水摸鱼”，为了向我们要更低的价格，或者为产品的滞销找一些看似有道理的“理由”。我们先甄别对待，千万不要那么容易上当。

【销售案例】

案例1　掏心窝不再奏效

现在我们越来越感觉到，传统的底价供货并不能带来高销量。以前，我们的企业或者代表总是说：“老板，我给你的是最低的价格了。”

虽然合作上了，但是因为是底价供货，没有了利润空间，没有办法进行产品的促销和业务员的奖励，这样就没有了销售的动力。

我们越来越感觉到，掏心窝的底价供货，不再是终端销售的有效途径，各个环节的利益分配，才是产品畅销的王道。

和JH连锁的合作，一开始我并没有掏心窝地给底价。因为我知道，对于连锁药店，没有各个环节的利益分配，是不可能上量的。根据连锁药店的数量，把货往总部的仓库一送就妄想坐收渔翁之利，那也只是做白日梦。

所以，一开始我不谈价格，先让负责人根据目前药店的产品结构和各主要产品的销售情况来确定能够有效起量的产品。我也没有让负责人大面积选择产品，一是实销实结的铺货压力比较大，二是对这个连锁药店的回款信誉和销售能力都没有确定的答案。所以，我建议选择适合产品，不要超过十个，然后再谈价格。

产品确定之后，我没有立即报价，而问他们首推的条件是什么，靠什么来执行和保障首推的销量。最后我告诉他，我需要回去同公司的领导沟通来确定最终的供货价格。其实最真实的原因是，按照目前的价格供货，可以达到首推标准，但是没有办法给予店员奖励，所以我回去之后，提高了产品的供货价格，保障了合理的利润空间和销售奖励空间。

准备好报价单之后，我又重新去找 JH 连锁的负责人谈。他觉得供货价稍微偏高，我提出了我的销售方案，首先产品铺到门店之后，我的业务员会去所有的门店张贴 POP，并且传递首推信息和简单的产品知识。紧接着我们会安排两场集中的店员培训，讲授产品知识和相关的病理知识。最后，我们会按协议的纯销数量来兑付奖励的费用。

听了我的方案之后，采购经理表示满意，也非常认同我的方案。

只有产品最终到了消费者的手上，我们才能共同盈利。不形成销售，顶多就是货品在仓库之间的转移，是没有意义的。

所以，在销售中我们要有策略地提供供货价，以保障销售流程中各个关键位置的利益，这样产品才有可能形成真正的动销。

在这里我还想补充一句，永远不要相信底价供货的鬼话，永远不要指望让药店来帮我们上量。当我们把产品上量的命运交给药店（以较低的供货价做首推）时，你多半会以悲剧收场。

案例 2　“向领导汇报”是个不错的借口

整个销售的过程是个动态的过程，当竞争对手出现或者药店老板提出新的要求时，我们该如何应对？为了销量，直接让利答应？不。不要让这一切来得太容易，不然，他还有第二次、第三次。

和安康堂大药房的合作一直是比较愉快的，但是由于药店老板想出了“新”的激励店员的措施，即每卖一盒药都给予奖励，于是向每个来拜访的厂家代表都直接说明了。你不给，人家给了，那你的产品销量自然就没有保障了。

安康堂的谭姐跟我提出这个要求后，其实在我的权限范围内可以直接答应。可是我觉得一切不能来得太容易，我需要打电话跟领导汇报一下。

然后我出去，假装和领导打电话沟通。过了十分钟左右，我进店说："和领导沟通好了，每盒可以给店员1元的费用，但是您必须保障每个月进货在100盒以上。"这一下把难题抛给了谭姐，她觉得完成不了这个量，我说："那您觉得可以保障多少，我再和领导沟通一下，给您争取这部分的费用。"谭姐说最多70盒，我说好，我再沟通一下，出门打电话，然后又回去说："经过跟领导的反复沟通，领导同意了，每个月进货70盒，另外给您1元的费用。"

其实，自始至终，我一句话就没有跟领导沟通，我只希望每花出去的一分钱都能带来销量上的增长。当然，如果超过了你的权限范围，你要真的和领导沟通了。

总之，任何事情都不要轻易地满足客户。哪怕能够满足，也不要一口答应，让客户觉得这个事情有难度，最后拿下来了，客户才会觉得来之不易，才会珍惜，才会在内心里感谢你。

【借题发挥】

做终端销售，最不该相信的5句"鬼话"

做终端销售的人，免不得吃一些哑巴亏！有的时候，我们轻易相信客户的一些话，可是并不能为我们的销售带来实质性的变化，起初的沾沾自喜一定会被后来的苦不堪言和懊恼所掩盖。那么终端药店的老板、采购、店长、店员究竟会跟我们说的哪些话我们万不可轻易相信，结合本人的工作经历，在这里和大家做个分享：

1. 你底价供货给我，销售的事情交给我

相信被这句话坑到的人不少，起初盲目地信以为真，最后产品滞销而束手无策。有可能你去终端跑，店员一句话，给费用就卖，不给费用就不卖，结果你的利润空间不够了。

你跑到总部去说，把产品谈定量首推吧，结果总部说："可以，但是你要拿出一些费用出来做支持！"

可是你会说："我已经底价供货你了，没有费用出了。"连锁药店总部说那不行，规定少一个子儿都不行。

总部说："那你去终端做促销活动吧。"然后你又会说费用不够。

总部说交点钱参加年会吧，你又说没有费用。

最后发现了问题，没有费用空间了，你啥招也使不出来。

所以，我一直提倡，千万不要底价供货！俗话说，没有利润就没有服务，没有服务就没有动销。再说，没有利润，你和你的销售团队也不会对这个客户重视。

时代总是在变，在药房陷入“品牌药不挣钱，高毛利药卖不动”的当下，连锁药店更需要的是合理的利润空间和动销服务方案，即所谓的营销是产品和服务的结合。所以，我们不要一直纠结在产品价格上，多花点心思研究不一样的服务。

2. 陈列不重要，摆在哪里都一样，我们都一样卖

也有代表相信这句话，不把陈列作为重要的工作项目。殊不知现在店员的大环境是“生怕多说一句话，生怕多走一步路，生怕多弯一下腰”。如果你的产品不能陈列在“易拿、好取、能卖”的位置，店员怎么会主动推荐你的产品？

良好的产品陈列不仅能够吸引我们消费者的注意力，增强他们的购买欲望，更重要的是，良好的陈列还能增加店员对产品的重视程度。所以有经验的大企业会说“陈列等于销量”、“陈列的效果说明了店员对该产品的重视程度”。

明白了陈列的重要性，不要再相信“陈列无用论”的“鬼话”！

3. 产品我们都懂，都会卖

不光是店员会这么说，会自以为是，就是我们的业务员大多数也是这么想的，觉得店员比我们有经验，比我们懂得多。

很多店员并不是科班出身的，很多人出现过“错卖药和卖错药”的情况。甚至很多店员停留在“经验卖药”的层次。你再想想，一个店员要面对至少3000个以上的品种，对于某一类产品或者某个产品，他的专业性会有我们强？

所以，不要相信这句鬼话。店员卖药只会卖自己懂的产品，有的时候，说产品知识他们都懂只是敷衍你们的话，千万不要信以为真，该做的产品知识培训，一定要做！

4. 产品卖得不好是因为没人找，推了别人不要，价格太贵

每当我们的销售代表在终端了解产品滞销原因时，总是会听到店员说这句话。结果回来，我们的业务员开始怀疑产品，开始怀疑 OTC 销售的前景，甚至开始怀疑人生。那么我反问一句，要是产品有人找，要是推了别人都要，要是价格都便宜，那么业务员有没有存在的价值？药店还会有那么大的利润空间吗？

OTC 市场是一个自由市场，消费者购药有自己的选择权，店员推荐也有自己的选择权。我经常听到店员说："只要我们店员把你的产品放心上，没有卖不出去的货！"

既然这样，当我们产品滞销时，我们应该考虑的是店员有没有推荐产品的动力或者压力，店员究竟会不会卖我们的产品，常见问题的话术，我们有没有教他？58 元他卖不动，如果他没有方法，就算是 38 元，他一样卖不好！所以我们以后千万不要被这句"鬼话"迷惑，多找根本原因而不是表面原因，学会思考。

5. 我们的关系这么好，我会好好卖的

不仅很多店员和药店老板这么跟我们说，甚至很多时候，我们的业务员也会这么以为，觉得跟人家关系好，好像人家就一定会好好卖货一样。经常出现的实际情况是，我们的产品并不是卖得特别的好。为什么？是我们的关系不好吗？

不是的，就算是关系好，你也应该保持稳定的拜访率，增加客户对你的印象，因为只有客户见到你才会想到你，只有想到你才会想到你的产品，只有想到你的产品，你的产品才有可能出销量。所以，我们千万不要因为关系好而忽视了拜访。

另外，就算熟悉的客户，我们也要注重终端的陈列、店员教育和促销工作。细枝末节都是产品能够动销的重要因素，我们千万不能因为关系好而忽视这些。

当然，终端听到的"鬼话"远远不止这些，这是我结合个人经验谈的最常见、最坑人的"鬼话"。希望各位一线的 OTC 销售人员千万不要被这些鬼话所迷惑，正确面对销售中的问题。

第二十一计

金蝉脱壳

【原典】存其形，完其势；友不疑，敌不动。巽而止蛊。

【释义】保存阵地的原形，造成还在原地防守的气势，使友军不怀疑，敌人也不敢贸然进犯。在敌人迷惑不解时，隐蔽地转移主力。

【OTC 销售浅解】在 OTC 销售中用到此计，主要体现在我们在销售中要找到自己产品的优势来区别于其他竞品，来掩盖自己产品在价格上或者品牌上的劣势，或者是在竞争对手比较强势的区域先抛弃暂时不开发，在对手不重视的区域率先取得突破等。

【销售案例】

案例1　算细账算出机会

在推广某妇科软胶囊时，由于厂家多个品规都是以流通的形式在市场上销售的，并且有一定的市场基础，而我公司代理该产品的另外一个规格。由于单粒胶囊的含量大于其他流通规格，单盒胶囊包装数量少于流通规格，价格自然也比其他品规贵，并且我们做控销。

在和德艾堂的马老板谈这个产品时，马老板以我们的供货价格贵而拒绝合作，说其他品规卖得好，没有必要引进。这时，我跟马老板算了个细账，从药店经营该产品来说，我们的产品做控销，商业渠道没有货，不会出现拼价格的现象，并且我们还能够维持最高零售价。在此情况下，我们产品虽然供货价较其他规格高，但市场价格保护就保证了利润空间，算起来卖我们的更挣钱。

另外，从消费者服药的方便性来说，当然是每天服用药品的次数越少越好，单次服用药品的数量越少越好。其他规格产品一次需要服用六粒，而我们的规格较大，一次只需服用三粒就好，同等情况下，我们的产品服用的量减少，消费者也自然喜欢。

听了我的建议后，马老板答应和我们合作。

算细账，在 OTC 销售中我们经常会用到。比如，我们给连锁药店签订年度计划的时候上百万元的费用，很容易“吓”死人！但是，如果我们做细分，细分到每个月、每个店、每个产品身上，把任务量具体到这个程度，客户就容易接受，店员也有具体的销售目标。还有就是在产品进场铺货的时候，我们要根据不同客户的不同数量下达首次购货量。要做到有理有据，就要把账算细。

案例2 留点空间，留条后路

众多的销售人员越来越感觉到，通过传统的底价、高毛利供货模式来销售产品越来越不奏效，单纯的底价供货只能让自己走上绝路。

在和康德佳大药房的谈判合作中，吴经理说会把我的产品作为重点产品来推广，但就一个要求——底价供货。以前吃过类似的亏，所以这一次没有快速答复，我说，先去门店走访看看再确定合作方式。

下到门店，表明了身份，给店员买了几瓶饮料便和他们聊了起来。后来才知道，他们只卖任务产品，因为只有任务产品才会有提成，其他产品都没有提成。问店员觉得我们怎么合作好，有大胆的店员和我说直接给他们带费用，有厂家就是这么干的，并且还列举了哪些产品，带了多少钱，他们出了多少量，这样一下子我就明白该怎么操作了。

过了几天约了吴经理重新谈判，我没有同意吴经理说的底价供货、月结的方式。我说可以45扣供货，可以实销实结，价格这一块公司严格规定，确实不能再低了，后来就以这种方式做了进去。

进去之后，我立马和这个组合药店的几个单店联系上，销量突飞猛进。其他底价供货的企业都不知道是怎么回事，我也只是用学术推广取得的疗效来敷衍他们了。

所以，在合作中我们一定不要把自己的利润让完，要把主动权握在我们自己的手上，一旦产品滞销，我们还有武器去做产品的动销。

【借题发挥】

如何找出自己产品跟竞品对比的优势

很多人觉得做业务难的一个根本原因不是没有技巧和方法，而是对自己的产品打内心不认可，这就麻烦了。你对自己的产品没有100%的热忱，你对自己的产品没有100%的信心，一旦人家拿你的产品和竞品做比较时，你就败下阵来，似乎觉得人家有道理，自己的产品确实在价格、品牌、政策等方面都不如竞品。于是，你就开始自暴自弃，觉得产品难做了。

老一点的有资历的业务员总会说一句话，那就是产品就像自己的孩子一样。这意味着什么？就像我们的孩子学习再差、再调皮、长得再不好看，我可以打、可以骂、但是外人不行。同样，我们视产品为孩子也是这样，即使产品再不好，我们可以说，但是外人不能说。我们始终要坚信，我们的产品是最好的。但是，这也不是盲目自大，我们要学会找到自己产品的优势。

1. 产品属性上发掘

（1）产品名称：店员卖药和医生卖药不一样。医生喜欢卖新特药，店员喜欢卖大普药，越通俗易懂越好。比如药品名字是“××止咳胶囊”，这样一目了然，比起什么“藏茵陈片”卖起来要容易得多！所以，我们的药名比竞品通俗易懂也是一大优势。那些抱着所谓独家品种的人也没有什么得意的，店员不了解你的产品，你还要花推广的成本。

（2）规格：竞品一盒吃三天，你的一盒可以吃一周，这也是可以挖掘的优势！当然，如果你的剂量比竞品少，也可以有话说，比如腹泻类的药，你说：“拉肚子吃两天的药还不能好，该上医院啦，不要再服药耽搁病情。”

（3）剂型：每种剂型都有自己的优势和劣势，我们要做的是把自己的优势说到最大，把劣势说到最小，如表22－1所示的藿香正气产品各剂型对比。

表22－1　藿香正气产品各剂型对比

剂型	特点
水	液体剂型，含有40%的酒精、味苦、酒精过敏和驾驶员等不能服用。饮酒服药时要忌食生冷、荤腥、油腻、酸辣等食物，服后要避风
液	液是水的改良剂型。既除去了药中苦味，又保留了液体剂型的吸收性好、显效快的优点。不含酒精、味道微甘、无肠胃刺激、适用面广，儿童、妇女、老人、开车族及酒精过敏者都比较适合服用。服用方便、性价比高，是居家常备、出门旅行比较理想的选择
丸	用炼制过的蜂蜜制成的蜜丸，见效慢而药理持久。“丸”字在古代中有“缓”的意思，即丸则缓也，是药效和缓的中药制剂，起效慢，多用于一些慢性病的调养

续表

剂型	特点
软胶囊	中药的新剂型，比丸剂吸收快、质地柔软、容易吞咽，害怕药味和吞咽难者较为适宜。但由于成本较高，价格较贵
颗粒、冲剂	药味较小、口感较好，疗效相对于其他藿香正气类中成药来说效果差一些，但对于惧怕中药苦味的人来说，不失为一种选择

（4）不良反应和禁忌：谈到这里，有很多医药人有误解，觉得说明书越详细越不好，这是错误的想法。越是详细，恰恰说明了药品越安全，把所有可能发生的情况都列出来了。另外，我们也要找到竞品可能出现的不良反应有没有发生过，如果有发生过，也可以作为突破口。

2. 产品市场属性

（1）谁在操作竞品。竞品是厂家还是代理商？厂家更稳定，因为厂家注重品牌推广和建设，而代理商就是赤裸裸的生意！所以，作为厂家我们去谈业务的时候，可以强调我们更稳定，承诺更能够兑现，比代理商要靠谱。终端也要寻求长期稳定合理的利润，所以稳定性也是他们所看重的！

（2）竞品供货渠道是否合法。合法化的经营才有未来，才稳定。尤其是最近国家打击“挂靠、过票”的非法行为，如果供货商属于挂靠企业，那么就不稳定，存在销售的风险。如果产品畅销了，因为这个因素而导致合作终止，对于厂家和终端来说，都是很大的损失。

（3）竞品是否有团队维护终端，满意度如何。到目前为止，如果做终端不去关注店员和消费者，那就不叫做终端！要关注店员和消费者，就要有终端维护队伍。就像如今在“大整顿”的情况下，有人提出“终端维护商”的概念一样，这都意味着我们要有终端代表服务好客户。如果竞品的服务客户不满意，我们能比竞品做得更好，客户当然喜欢，这也是我们突破的一个地方。

（4）竞品是否有动销活动或者动销方案。在终端出现“品牌药不挣钱，高毛利药卖不动”的情况下，我们一定要有动销方案。没有动销措施，无疑是害人害己。“害人”是指给终端药店的采购带来了麻烦，因为新品引进的动销率，一般连锁都会作为考核采购经理的一个重要方面。“害己”是说产品不动销，不仅不能形成经济效益，而且还打击了销售的积极性。

（5）竞品销售团队的成员组成和销售能力如何？成员的组成就是看有多少人，竞品的人员配备能不能满足市场维护的需求，有没有能力维护好，人员的素质决定了操作市场的能力。竞品的市场人员能力不行，也是突破的机会。

3. 写出和你合作的理由

我们要对自己的产品有信心，要准备好客户和你合作的理由。以东阿阿胶复方阿胶浆的案例来看。

聚焦复方阿胶浆48支的七大理由：

（1）容量大：补益类药品品类，全国约有80亿的市场容量，年增长率20%。

（2）品牌大：复方阿胶浆为补血类第一大品牌，销量第一，是中国最长寿的口服液。

（3）支持大：公司两亿元的广告支持。

（4）毛利高：复方阿胶浆高客单价，高毛利。

（5）关联强：品类内外销售关联性强，易于增量。

（6）点购高：消费者忠诚度高，二次购买率达到83.5%。

（7）安全高效：比保健品疗效确切，药食同源组方，可长期服用。

寻找突破点无处不在，你要真的对产品用心了，就会发现，原来我们的机会这么多。

第二十二计

关门捉贼

【**原典**】小敌困之。剥，不利有攸往。

【**释义**】对弱小的敌人，要包围起来歼灭。零散的小股敌人，虽然势单力薄，但行动自由，诡诈难防，因而不利于急追远赶。

【**OTC销售浅解**】在OTC销售中用到此计，主要体现在我们在销售中要擅于制造良好的谈判氛围。在一个愉快的交流氛围中谈业务，成功的概率会高很多。另外，我们也要组织一些订货会、交流会、旅游项目等，先服务好客户，接下来谈业务就会减少很多障碍。

【销售案例】

案例1　满足了你这么多的要求，你能答应我一个要求吗

一线销售代表都知道，我们的客户总是会提出各种各样的条件来要求我们：一方面是客户本身不想和我们合作，想通过这一系列的苛刻条件来逼着我们放弃和其合作，另一方面是他们想通过这些条件来减少他们在合作中的风险，把可能发生的损失降到最低。我们怎么应对?

在和惠康大药房的合作中就遇到了这个问题。惠康大药房是一个由8家店组合的药店，销售实力很强，在区域里是比较有名的药店。医药圈的人也都知道产品在这个药店里能出量，但大家也共同认可老板吴经理是个“厉害”角色，很难打交道。

和吴经理约好了合作时间，在谈判中吴经理提出了进场费的问题，一个产品两个品规，要求2000元的进场费，并且要求厂家的返利全部交给总部。给了公司的最大政策之后，他还不满足，继续要。我假装给老板打完电话，说政策的事情给不了，只能按现有的最大政策合作。他又提出了荧光板等物料的需求，因为了解到竞品JG在该药店的销量非常大，并且吴经理现场调出销售数据给我看，所以我不能生硬地拒绝他的要求，这样不利于后续的谈判，因为我是想和他合作的。

我提出他所说的要求我都可以答应并且实现，但是因为JG和他有前期的合作，现在销量也不错，我担心我的产品的销售问题，所以提出几个疑问：

第一，我的产品进来了，店员凭什么主推我的产品而不推荐 JG？他回答，给店员单独提成。我说好。

第二，交完进场费之后，您能不能从我制定的渠道购进 WFL 各 100 盒？我初步核算了一下，这个购货量基本符合公司开发费的配比。他也答应了。

第三，单盒返利我要按您每个月的纯销来兑付。一个月兑付一次。吴经理不答应，怕我不来兑付。我说，您不用担心，我们有合作协议。另外，我不来兑费用，您完全可以把我的库存货退给商业公司。再者，我交了 2000 元的进场费，我是想和您长期合作的。所以考虑到我的风险，我采用实销实兑，这样对双方都有约束。最后吴经理答应了我的条件。

在业务谈判中，我们不要一遇到客户提出苛刻要求就马上说“不能、不行、不可以”。我们可以谈，如果答应他们的这些条件，他们能不能答应我们的几个条件？这样既缓和了谈判的氛围，又把双方的风险和责任平衡好。

案例 2　订货会上的买卖

订货会在医药销售中存在的年头已经很久了。一场创新的订货会会吸引很多客户来参加，自然也会产生比较理想的销售业绩。

KH 药业某部在假日酒店举行了一场产品年度的订货会。在半个月前发邀请函，由销售代表邀请有效客户厂家，并且在宣传彩页上做很多礼品的宣传。订货会当天，酒店会议主场布置了条幅、产品的易拉宝和产品的大盒陈列。

首先由药企的高层介绍公司的发展战略、本次的活动政策及奖励方案，然后由销售精英介绍标杆市场的操作模式及销售支持，并且邀请做得好的药店做现场分享。给了其他药店老板的订货信息之后，由产品经理介绍重点产品的销售卖点和产品相关知识，并留出 5 分钟的订货时间。

这样，五个核心单品介绍完之后，开始由销售人员统计每桌的最高订货金额，每隔十分钟用话筒高声汇报一次，一共 3 次汇报完之后，再将拿货金额的前 10 名按照之前定好的礼品方案发送礼品。

整个订货过程都在激动人心的音乐中进行，现场氛围热烈，有拍卖会的气势。前20名参加砸金蛋赢现金的活动，更是将现场的氛围升级到爆棚。最后安排答谢晚宴，也更好地促进了厂家和药店之间关系的升级，为后来的长期合作奠定了基础。

一场成功的订货会，要赢得订单和客户的信任，氛围的烘托是少不了的。

案例3　旅游，让你玩好了再合作

我们做终端会发现，药店负责人出去旅游了，通常情况下，并不是药店负责人自己出去玩的，多数情况下是厂家组织的。

白云山JG上市之初，为了快速在渠道铺货，使产品尽快地和消费者见面，并在消费者心目中建立品牌形象，就组织各大药店负责人、医药流通企业的负责人来了个香港5日游。这期间，会有厂家的销售人员陪同，并在合适的时候安排产品宣讲会，包括产品知识、销售模式及销售政策。

这样，5日游玩下来，销售人员和药店的负责人之间就产生了良好的客情关系，5天在一起能有许多话题聊，长时间的共处也让大家彼此更加了解。

回到工作岗位之后，厂家的销售代表就会带着合同各个击破。其实，药店的负责人也知道，这个玩不是白玩的，自然合作之中也少了很多的障碍，使该产品迅速地在终端药店铺货并形成了良好的销售。

天下没有免费的午餐，客户内心深处也知道这个道理，当大家都知道的时候，就没有必要捅破窗户纸。客户知道你想干吗，也会主动配合你的工作的。

【借题发挥】

如何组织一场订货会

开订货会这种医药销售的形式一直存在，只是名字取了很多，什么客户答谢会、圆桌会议，甚至用一些论坛、沙龙的名义，捎带着开一场订货会。组织的形式也是多种多样，目前看来比较常见的有厂家自办、医药公司组织、其他医药行业协会组织等几种形式。下面就开订货会的一些细节和大家做一个简单地交流。

1. 确定订货会跟谁开

所谓的怎么开是自己厂家独家举办，还是依靠医药公司或者第三方搭台。

（1）厂家自己主办。需要考虑自己的号召力有多少客户会来参加，因为参加客户的数量决定了酒店的选址、会议室的大小，以及餐饮酒水的安排。

（2）如果是依靠第三方来组织，我们需要考虑几个问题：

第一，主办方有无覆盖第三终端的销售网络？能够覆盖到多少家第三终端客户？

第二，主办方在第三终端广大客户中影响力、信誉度、号召力到底有多强？能不能让更多的终端客户参与到订货会的活动中来？

第三，主办方是否有操作第三终端的能力和经验？有没有配送的能力或者推广能力？终端的网络覆盖是否齐全？支持这次活动的厂家有多少？销售政策的力度大不大？

第四，主办方举办这次订货会的目的是什么？是真正想开发第三终端，掌握更多的终端资源，还是想趁机收取厂家一些费用作为赢利手段？是否有主要的推广厂家？如果有主要的推广厂家，其他厂家的参与是不是“陪太子读书”？

第五，主办方在订货会的形式和内容上是否有新的或者说创新的东西。

2. 制订订货会的促销方案

除了了解清楚第三方（主办方）开这次订货的目的之外，我们还要了解客户情况，弄清第三终端客户在这个季节需要什么类型的产品，一般的购买习惯是怎样的？客单价大概是多少？然后有针对性地制订好。

（1）在开订货会前，连同主办方，把客户平时需求和客单价摸清楚，根据客户需求制订出有刺激性的订货奖励计划，并把奖励信息发到客户手中。

（2）制订好组合套装订货计划，把系列产品组合起来销售，凡购买组合套装者，礼品较大，这样可趁机推广一些自己的高价位品种。或者设计阶梯奖励，每到某一阶段，给予不同的奖励，鼓励客户多拿货，多按套餐拿货。

（3）制作一批特殊的塑料袋或者手提袋，协助客户把产品包装好。有时包装物可以诱使客户购买，方便客户直接在现场抢购一些产品。但是按照法律规定，订货会现场卖货是不合法的，所以大家谨慎使用。

3. 信息的发布和客户的邀请

订货会的信息传达如果不到位，一切等于白忙活。在信息的传达上，我们不能仅仅依靠主办方的能力来号召终端客户参与到我们的订货会当中，有终端销售队伍的企业也要让我们的业务员拿着单子来号召终端客户参与到其中。

单靠医药公司去通知终端客户促销政策、订货会信息，效果肯定好不到哪里去！没有事先向终端客户传递信息，没有调查客户的需求，终端客户来了才在会上了解到一些产品和订货会奖励计划，结果由于客户等待时间长，讲解企业和产品知识的时间少，使得来的客户因等待有怨气，加之服务不周，对产品缺乏了解，激励没有刺激性，订货自然很少了。

应该进一步把各种订货奖励信息发布到各个终端，具体信息发布方法如下：

（1）制订好有诱惑力的订货会信息：比如邀请医药零售行业的大咖授课讲解零售药店如何提高客户的忠诚度，如何增加客户的黏性，如何提高客单价等。

比如拿出大的奖励政策，每个企业的领导上台开展“秒杀”活动，以较低的成本获取较多数量药品等。

比如导入发红包、砸金蛋等一系列有意思的活动。让客户不要觉得是来吃吃喝喝订货的就好，这样也给了客户一些兴趣

（2）多方行动，共同发布订货会信息。主办方和药企一起宣传，不仅是上门拜访，也可以利用现代化的通信工具来发放信息，比如利用微信公众号、微信群、QQ 群等终端客户聚集的地方来发布消息。

（3）注意确认客户参会的信息，反复确认。

4. 会场布置和客户接待

会场布置：

（1）参展企业提前入场布展，要求有易拉宝、产品包装盒陈列、产品或者样品展示，要有厂家业务员作为讲解员。

（2）会场要布置大横幅，是宣传主办方开展这场订货会的主题，包括

水、餐点和产品资料的发放。

(3) 主持人和音响师要实时调节现场气氛，使整个活动处于一种热烈的氛围当中。

客户接待：

(1) 会场外的主要道路口，工作人员都要穿统一的企业服装或者佩戴吊牌，来引导客户到达会场，免得客户半天找不到地方。

(2) 及时电话跟踪客户到达的情况，做好迎接准备。

(3) 客户到达会场后，要做好服务工作，不要让客户有受到怠慢的感觉。

5. 确认订单和承诺配送时间

跟客户确认最后的销售订单和配送时间的安排。

为培养客户忠诚度和吸引客户长期订货，我们一般制订客户季度或者半年、一年订货积分奖励计划，在规定的期限内订货满多少分，就给予更大的优惠，或者更好的礼品，或者参与某项活动等。以此吸引客户参与，培养客户忠诚度。

一般来说，针对第三终端的订货会，奖励计划尤其重要。因为有些公有或者集体所有制的医疗性质的第三终端，进货人就是单位领导或者决策人（如图 22－1 所示），具有半使用者的性质，他采购了这个企业的产品，

图 22－1　单位领导或者决策人采购

其他从业人员没有选择，就得用这些产品。而奖励的礼品却归采购者个人，因此激励到位是订货量大小的关键环节。

结合自己的工作经验，将订货会的一些重点问题和大家做个交流，供大家参考使用。

第二十三计

远交近攻

【原典】形禁势格，利从近取，害以远隔。上火下泽。

【释义】在受到地理位置及形势的限制时，从不受限制的地方来获取利益，对所受限制采取等待或者促使形势转变的态度。这就是睽卦的道理，虽水火不相容，但仍能暂时共处。

【OTC销售浅解】在OTC销售中用到此计，主要体现在我们在销售中：

一方面是厂家之前尤其是有同类产品的厂家是完全的竞争厂家，但是我们的产品品类丰富，在订货会成本高的情况下，大家可以合作共同开订货会或者培训会来减少会议成本。

另一方面，严格来说，治疗某一疾病，同类的产品虽然是竞品，但是由于剂型不一样或者治疗机理不一样，在联合用药中，可以将这些产品联合起来，快速缓解消费者的病痛，比如钙尔奇和奇正消痛贴联合用药，强强联合。

【销售案例】

案例1　一起办场培训会

店员培训在销售中的重要性是不言而喻的。店员只会推荐自己熟悉的产品或者使用过的产品，所以大多数的企业会举办一些培训会。但是，集中的店员培训会的费用也是一笔不小的开支，不管是自己组织会场还是在连锁总部，都会有一定的场地费。但是如果厂家联合起来开，不仅减少了会议的费用，而且提高了会议的质量。比较好的参会礼品和参会会场，也会吸引更多的药店店员参加。

KH药业和XZ药业都是两个比较大的生产企业，丰富的产品结构难免会有同样或者同类的竞品出现，但是双方的核心产品却是不相冲突的。于是，两家企业共同在某一区域市场开展店员培训会。双方的业务员都去邀请客户参加，这样参会的人数就会增加很多。人多，培训的气势和氛围就会更好。

另外，两个厂家共同开展，双方都节省了费用，而且都可以提供比较好的礼品。对参会人员来说，参加一个会都收到一些礼品，自然也是非常高兴的。再者，对于参会人员来说，来回奔波参加两个厂家的会也是比较值得的，多学了知识，何乐而不为？两个厂家都介绍自己的核心产品，在竞争中寻找合作，更是大家都开心的事情。

所以，竞争只是一方面的事情，如何在竞争中寻求合作，才是更好地促进大家共同发展的途径。

案例2　抱团发展

由于进场费贵、培训费贵、终端业务拜访不到位、动销慢等因素导致销售状况不好，是每个药企和连锁药店合作的通病。而中小型连锁的专业程度不够，品类管理头疼，人员管理头疼，扩张资本头疼，促销活动方案不好，销量提升速度慢，品牌企业对他们的支持不够，也是他们头疼的问题。

联众医药网的柯总看到了这些问题，于是筹办了“联众品牌药企俱乐部”。这个俱乐部的意义在于将某省的品牌药企集中起来，拿出各自一到两个核心单品，组团去找中小型连锁合作。这样各药企以自己的核心单品为主，也规避了竞争，拿出更多的优惠政策也使大家跟中小型连锁合作有谈判的筹码。

另外，几家药企的合作也可以更好地服务连锁药店。比如，大家抱团谈判，可以优惠进场费、陈列费等硬性费用。联合组织店员培训，配合连锁药店门店做促销活动，组织连锁药店高管外出培训学习等既减少了费用，也增加了和连锁药店的合作黏性，为产品的持续合作奠定了基础。

套用丘吉尔的一句话：“没有永远的朋友，也没有永远的敌人，有的只是大家共同的利益。”大家联合起来，抱团发展，合作共赢。

在销售实战中，也许这种组织形式不容易形成，但是三四个厂家组团谈判是很容易做到的。大家一起谈判，一是客户的重视程度会提高，二是组团谈判的成功率也会提高，所以我们要抱团取暖，相互借助资源。

案例3　竞品也能共销

研究竞品是每个业务员应该具备的一个基本能力。而研究竞品的价值不仅仅是找出竞品的劣势而去打击竞品，更多的时候是利用竞品的优势，借用竞品的品牌价值来销售自己的产品。

某知名药酒HMYJ是治疗风湿骨病的品牌产品，但市场上治疗风湿骨病的内服药品和外用药品数不胜数。HMYJ通过常年的卫视广告、名人代言及终端门店的包装使得该产品有很大的市场基础和品牌效应，而风湿骨病患者的病痛也令患者头疼不已。

某膏药厂家并不出名，产品的效果还是不错的，但是由于品牌知名度不高，推荐起来有些困难。后来该公司的人员发现，将该贴膏和HMYJ联合起来销售，效果非常好。只要来买HMYJ的消费者，店员都会推荐贴膏。

推荐的话术就是："HMYJ的效果是非常好，属于内服药，吸收到达病处需要一定的时间。但是我们的膏药贴在患处，能够直达病灶，和药酒结合起来使用，缓解病痛更快，治疗效果更好。"

这样的联合用药，不仅增加了产品的销量，也为患者减轻了病痛。

我们的市场销售人员也要多观察竞品的情况，找到产品销售的爆发点，寻找销售话术，来提高产品的销量。竞品，不一定要打压，如果能找到共同合作的点，那就是最好不过的事情。

【借题发挥】

店员在销售中的重要性，在于消费者购药需要店员的知识。

（1）据IMS调查显示：86.7%的被调查者曾有过自我药疗的经历，36%的人在自我药疗时出现过失误，其中25.5%的被调查者表示因此耽误过治疗。

（2）90%的人去药店买药会听从导购的建议，53.1%的被调查者患病时首选去药店购药，93.6%的调查者购药前会咨询导购人员，41.6%的人会购买导购推荐的药品作为替代。

（3）在服药过程中，69.7%的人员有过随意增减疗程的行为。

中国科协调查发现：居民用药主要凭经验、怕麻烦，同时医药知识匮乏，超过40%的人认为自己缺乏安全用药知识，69%的人看不懂药品说明书。

怎么开展店员培训会

据IMS调查，约六成消费者在每次消费时有明确的目标品牌选择倾向，其中90%集中于睡眠障碍类患者。虽然此类客户有明确的目标品牌选择倾向，但却易受到药店人员推荐、医生推荐与“药品口碑”的影响，从而改变购买习惯。因此，如何加强药店人员培训，达到主动、专业地向顾客推荐对症药品的最终目的，是每个药企急需思考的问题。

1. 加强店员培训，增强推荐效果

从药店人员推荐方面的数据来看，大部分消费者均倾向于接受药店人员的推荐，特别是30～45岁人群。而约74%的消费者会主动要求药店人员推荐，其中29岁及以下的人群要求推荐的比例最高。同时，那些偶发性具备目标品牌的消费者们也有64%的比例会要求药店人员进行推荐。

以上数据无疑显示了药店店员推荐对药品销售的重要程度。但在一些相对偏远、信息闭塞的地方，由于药店店员的医药知识并不丰富，对药品缺乏深入的了解，最终只能凭感觉猜测药品的功效而进行熟悉品种的推荐。

因此，针对此情况，就需药企对药店店员进行培训。而对其进行培训，一方面能使店员更加了解我们的产品及产品的治疗效果，增强其推荐的信心；另一方面，开展店员培训还能起到以下作用。

一是提高药企品牌知名度；

二是提高店员对产品的认可度，使店员掌握和认可产品治疗信息；

三是对抗竞争品牌的推广；

四是与店员建立良好的共同关系，使产品成为“第一推荐药”。

而药品在药店的销售过程中，店员所起的作用毋庸置疑且不可替代，而药企依靠店员来提高自己产品的销量无疑是最直接、最经济并且快速有效的手段。

但由于影响店员推荐率的因素多样，如店员对产品的了解程度、正在进行的促销活动、该产品的知名度、产品的质量和疗效、该产品的利润、产品陈列位置及拿取难易度、产品质量与疗效等。所以，药企的终端人员需要把药店店员作为重点工作对象，通过培训，使他们尽快掌握产品知识和卖点，达到销售时向顾客主动推荐的最终目的。

2. 遴选培训方式，做好回访工作

店员培训的形式多种多样，但一定要在一个自愿的环境下进行，这样店员才容易接受知识，才会认真听讲，将产品信息带给消费者，最终将所学到的知识用在自己的产品推荐之中。

（1）一对一培训。不是所有的培训都需要兴师动众，产品知识的培训无时无刻都可融入我们对终端的拜访之中。如一对一培训就是医药代表在日常拜访之中，谈到产品的卖点，做一个简单的介绍。因此，医药代表要锻炼成为产品专家和培训专家。

但如何在无声无息中开展培训？其实，在笔者看来，利用店员的好奇心无疑是一种好办法。在和店员进行交流时，提炼几句经典且易记的术语，反复地跟店员重复，在他脑中留下深刻印象，以便他在销售相关产品时全力进行推销。

如医药代表："张老师您好，最近我们的清火胶囊销售情况如何？同济堂大角店现在一个月能卖50多盒。"张老师："是吗？他们怎么卖的？"医药代表："听他们李老师讲，主要将销售定位在易上火的人群，比如熬夜后的'兔子眼'、脸上长痘痘，还有便秘的患者。"

另外，那位老师还跟消费者说："我们的清火胶囊实火虚火都能治，而且是生津祛火不伤元气。一般的退火药都是祛实火，且其他清火药含大黄、石膏，脾胃不好的人服用后容易拉肚子。我们产品里的'土大黄'是特色道地苗药药材，无不良影响。患者听李老师这样推荐后都说容易接受，并且反馈回来的药品疗效也很好。"张老师："是吗？我也试试看。"医药代表："那就麻烦您多推推，及时反馈信息。"

（2）店员培训会。店员培训会就是把店员集中起来培训。单体药店一般采用直接在门店，在顾客比较少的下午举行，因为此时，刚好也是药店交接班的时间，可以最大量集中店员。而连锁药店则是在连锁总部会议室或者其他外租会议室进行，其内容和流程基本一致。

培训会前须做好相应的准备，如授课课件、产品画册、产品易拉宝、较大的产品展示盒。在这些东西准备就绪后，还需同连锁总部沟通好设备，如笔记本电脑、礼品等物料。

另外，在设计培训的内容及流程时，医药代表一定按程序进行策划：

第一，自我介绍及公司介绍。

第二，核心产品介绍，如产品最重要的卖点、与其他品牌产品的比较、产品的正确使用方法、产品的副作用、消费者经常会问的问题及解答。在此环节中，医药代表还应注意，在讲述病理病因的时候少用专业术语，因为很多店员并非高学历的学医学药的专业人员，不一定能弄懂高深的理论知识，反而增加了畏难情绪。

第三，提问。如核心产品的陈列位置，核心产品的重要卖点，现场演练如何向消费者推荐我们的产品。

第四，发奖。注意询问获奖者的姓名，以便以后重点关注。

最后，鸣谢。

（3）问卷调查。这一类产品通常是把核心产品的信息以调查表的形式或卡片的形式让店员参与其中，如派发小礼品或者抽奖等。

笔者曾经遇见过某知名药企以答题卡的形式进行店员培训，首先要求店员填上基本信息，包括姓名、生日、电话等，然后告诉店员回去抽奖，中奖即可奖励话费。事实上，奖励的店员名单早已准备好了，即客情关系比较好、销售量比大的店员。但该药企如此操作，既增加了客情关系，又告诉其他店员活动抽奖存在的真实性，以便下次更有激情投入。

（4）微信公众号和微信群的运用。在微信公众号或者微信群发相关的产品知识供大家学习。需要注意的是，在微信群发东西的时候需要弄点“红包”调节一下气氛。朋友圈刷屏的产品推广要慎重，对于爱学习的人来说是好事，但是对于那些不爱学习的人来说，就容易心生厌倦。

在进行系统培训后，医药代表还需对店员进行跟踪。花大量的时间、物力和精力来做店员培训，无非就是为了与店员建立起良好的客情关系，让店员掌握相关的产品知识。特别是产品的核心卖点，能让店员主动向消费者推荐其相关产品，成为“第一推荐”。

因此，为了达到上述培训的目的，医药代表应及时做好回访，进一步询问店员的销售情况，熟悉店员，让店员对产品有更深层次的了解，加大产品的推荐力度，为“首推”做铺垫。

在这里，我还是要强调店员培训的几个关键点：

（1）对于想建品牌的企业来说，店员培训是一件必不可少的事。

（2）不要把自己的产品说得跟神一样，而竞品什么都不是。

（3）少说产品组方，多讲怎么推荐，不要超过三点，多了别人也记不住。

（4）不仅要讲自己的产品知识，相关的药理、病理和其他产品的优缺点都要讲到。

（5）形式要生动有趣，不要让大家听的乏味、无聊。

第二十四计

假道伐虢

【原典】两大之间，敌胁以从，我假以势。困，有言不信。

【释义】处于敌我两大国之间的小国，当受到敌方的武力胁迫时，我方应以援助的姿态，把力量渗透进去。当然，处在夹缝中的小国，是不会相信空话的。我方应以“保护”为名，控制其局势，再突然袭击，就可以轻易地夺取胜利。

【OTC 销售浅解】在 OTC 销售中用到此计，主要体现在我们在销售业务谈判遇到障碍或者困难时，要采用迂回的方式，想出一些对自己有利的策略和办法。

比如规避谈判中放大自己产品劣势的情况，调整业务谈判的氛围获得客户的好感，为业务谈判创造有利条件。

比如，我们多讲一些客户关心的东西，如药店的运营管理等，给一些合理的建议。

大家记住，成功合作谈判的关键，在于满足客户的真正需求。客户的需求在哪里你要知道，如果你不知道，就要思考这两个问题：第一，我们的客户正面临什么样的机遇及挑战？第二，客户的业务目前遇到了什么困难，你能给什么样的建议？

【销售案例】

案例 1 “请教”出来的合作机会

医药销售中，我们有很大的概率碰到“医药能人”，就是所谓的科班出身或者经验丰富的药店人。在业务谈判中，他们会用他们专业的知识来“击败”我们，分析我们产品的劣势拒绝和我们的合作。如何应对这些能人，来促成彼此之间的合作呢？

在和仁泰大药房谈判 WFL 时就确确实实碰到了这个问题。当时和业务员陆安一起随访就地开发药店。走进仁泰大药房后，陆安按照我们制定的谈判流程和店老板吴经理谈着。吴经理说：“没有办法和你们合作，因为我们这边的消费能力有限，太贵，消费者消费不起。另外，你们这个是处方药，非要有处方才能销售。”并且通过药理知识和病理知识对我们的产品做了“全面、科学”的分析，搞得我们业务员哑口无言，准备放弃，这时我接过了谈判的任务。

“吴经理，您的专业知识让我十分佩服，对于产品的理解，您在我之上，我想跟您再请教一下您对我们这一类产品的认识。您是执业药师吧?”我面带微笑地说道。

“暂时不是，还在考试之中。”吴经理回答。

“那您一定是本专业出身的，要不然没有那么懂!”我带着佩服的语气说道。

“其实也不完全是，我以前是护士出身的，在诊所……”一下子她的话匣子就打开了，讲了她过去“辉煌”的职业经历。我又引导她，问是不是自己开诊所或开医院，是不是本地人，湖北的医药销售环境和北京有什么不同等，大家一下子聊开了。

欢声笑语中一个多小时过去，最后我又拉了回来，“吴老师，您看我们的 WFL 能不能和您合作？现在和您合作，我们公司奖励首次进货的客户 N 元。”说完我就把现金拿了出来。

“好，做，今天就报计划。”说着她就把计划写到了计划本上。

以一个“请教”开始，给客户一个面子，调整好了这个氛围，再以“老师”来称呼客户，有了这些满足感，陪客户聊了个把小时，客户不合作才怪。

赞美和请教，是我们建立客情的重要手段。每个人都希望得到别人的赞美，都喜欢做别人的老师。

案例 2　缓兵之计

业务谈判中陷入僵局是再正常不过的事情，有的时候为客户的某一点要求僵持不下，确实不是什么好事。如果你当场答应可是不能兑现，更是将与这个客户的合作推向了绝路。所以，当业务谈判陷入僵局时，不妨采用“缓兵之计”。

和康泰大药房龙经理的谈判就是这样陷入了僵局。“鄢总，如果你能再给我 5 个点的返利，这个产品我们就可以合作。我马上就报计划合作，看你来这么多次了，今天就把这事情定下来。你决定不了就给你的领导打电话!”龙经理斩钉截铁地说道。

可是在我的职责范围内，这个点我是让不了的，因为所有的事情都已谈妥，就在这个返利的问题上僵持不下。龙经理也表示了他的合作决心，如果我强硬拒绝，这个买卖就没有办法谈了。就算现场我跟老板打电话，老板也不会同意这个点。如果现场给予否定的结论，大家面子上都过不去，这个业务就更不好谈了。

我说：“龙经理，您看这样行不行，所有的疑问都解决了，现在就剩下这个返利的问题。在我的职责范围内，我确实给不了您这个政策。但是，我也不能够瞎承诺，如果实现不了我的承诺，我将失信。这个时间我给领导打电话也不合适，知道他今天这个时间在开会，所以我打算回去跟老板申请，尽我全力，因为和您合作也一直是我的心愿。”说着，我就开始合上工作笔记本。道别后，退出了办公室。

和老板申请后，只能有3个点的返利。第二天，我带着3个点的返利去，并带上了一些小礼品，重申了后续合作中的支持项目，就这样我们顺利地合作了。

不好谈下去的时候就缓缓，“心急吃不了热年糕”，有的时候越急越办不成事情。

谈业务，我们千万不要急，因为急会犯错。很多人喜欢把销售看成一段一段的而不是一个系统的过程，不能从整体上来考虑整个销售的过程。因为急，一直满足客户的需求，甚至是无理的要求，到最后，产品进去了，可是滞销了，苦不堪言。

案例3 “咨询”为销售服务

很多销售代表在谈业务中没有发现和利用自己的一个潜在优势：你走访过很多药店，看到过很多优质药店的经营理念，而你的这个客户并不知道。告诉他这个，你就是一个特别的业务员，谈业务就会顺利很多。

和民康堂的业务合作就来自我的一次“诊断”。民康堂是在郊区的一个小型连锁药店，虽然大型连锁还没有在这个区域内大面积开店，但是民康堂负责人已经意识到了这个不久即将到来的危机。

一天去找他们杨姐谈业务，因为是新品上市，我觉得可能会有些困难，估计要折腾好几次。刚到他们公司，就听到杨姐说：“来，鄢总跟你请教一些问题，这方面你是专家。”听到这个话，我就知道机会来了。

“药店的品类怎么规划，现在我的每个店主推产品都不一样，这样在采购量上没有优势，也就没有办法和厂家谈条件。另外，店员管理怎么搞？我明知道店员暗自拿厂家的带金，却不敢管，管狠了怕离职，管不好执行力差，给公司带来损失……”杨姐抛出了很多的现实问题。我根据自己看到的有些中小型连锁的做法，和在各种论坛学习到知识，一一做了回答，并且承诺，我会带专业人士过来给她解答，因为我正好认识在药店负责运营管理方面的朋友。

给了她这些内容之后，我开玩笑说道：“杨姐，一个小时过去了，我的正事还没有谈呢。我的那个 WFL，您这里能不能合作啊？”“没有问题，明天就给你上，你把供货商的情况和供货价、零售价告诉我就行了。”杨姐爽快地答应了。至于说什么陈列费、进场费等提都没有提。当然，后来我实现了我的诺言，让专业人士去做了诊断。她也实现了她的诺言，进货。最后，我被她称为“最特别的业务员”。

也许你们会说，我接触的人多，有这方面的经历，但小代表怎么做得到这些？其实不然，我的这些知识是来源于平时拜访中的细心观察和探讨聊天。我相信我们每一个成功的药店，总有其经营的秘诀，我们知道这个故事后，就成了我们的素材，去讲给更多的药店人听，别人就愿意和你打交道，因为你是“行家”。所以，平时琐碎的业务拜访中，我们一定要积累这方面的案例，为以后的业务谈判准备素材。

你千万不要一进药店，给别人的感觉不是来收款的，就是来压货的。如果是这种感觉，你始终无法和客户建立真正的感情。但是你多关心客户的生意，多关心客户的生活，你们自然就会成为朋友啦。

【借题发挥】

终端销售代表有哪些“道”可借

为了达到和客户更好合作的目的，其实是有许多手段和方法的。很多人甚至很多业务员就希望以“更低的价格”来赢得和客户的合作，有这种想法的业务员是不称职的业务员，因为他就是想通过降价来减少工作的难度。

但通常情况下，这并不能解决问题。就像我们药店的店员卖药一样，58 元他卖不出去，就算你调成 39 元，他也未必能卖出去，关键是他有没有找到卖药的关键点。

现在的价格体系你卖不出，就算降价，你也未必卖得出去，因为你根本没有找到卖药的方法或者提升销量的办法。那么提量，我们究竟有哪些“道”让大家可借呢？

1. 你的产品知识

很多卖药的业务员过多地关注销售技巧而忽视了解产品知识。本人认为，产品知识的重要性占这个药品销售的 70% 以上。但是，令人遗憾的是很多业务员的产品知识并不过关。

在这里，我说的产品知识首先是你自己的产品，如产品的来源故事、组方的特点、中药的道地性、什么样的生产工艺，最后做出的有品质的产品主要解决消费者的哪些病症？先把说明书的“功能主治”这个项目的内容背得滚瓜烂熟吧。

另外还要了解，你的产品所治疗的这一类病症的发病原因是什么？治疗原理是什么？你的竞品是通过什么样的原理来治疗的？比如我常常举的案例。在治疗“尿频、尿急、尿痛”这一块的“下尿路感染”病症，有的中成药通过“利湿通淋”来达到治疗效果，有的中成药通过“补肾益肾”来达到治疗效果，还要了解你的产品和竞品在药理知识这一块的不同。总之，你要对你的产品和竞品都了如指掌，和客户或者店员聊起你的产品如数家珍才行。

2. 药店里的小故事

我常常说，有些人业务做得不好是活该，因为他从来不关心人家药店的生意，不关心人家药店的死活。你总是关心你自己的利益，多压货、多收钱。有人说：“我自己又不是经营药店的，怎么关注别人的生意啊？”我说：“你跑过那么多药店，你就没有做个有心人记住点什么？”一个药店的故事就够你讲给所有的药店听一遍。

比如，某日跑店，听见药店的老板说，他自从开通了支付宝支付以后，支付宝每个月能收到将近 3 万元的营业额，因为用支付宝支付，一是方便，二是和刷银行卡一样，没有数钱那么心痛，容易联合用药，增加客单价。于是你每跑一个药店就问：“老板，你们开通了支付宝支付吗？我那里的 × ×药店开通了。让我吃惊的是，一个月消费者通过支付宝支付的额度竟然达到了 3 万元。那个药店老板说……”故事就开始讲了，多讲点别的药店经营的故事，我相信其他药店老板也是非常喜欢听的。

换位思考，如果你是药店老板，你是不是也愿意听别的药店成功的故事呢？

3. 宏观大政策

药店老板们，不像我们每天可以通过各种信息渠道了解很多的消息，他们大多关注自己的药店生意，而很少接触行业内的新闻。只有当危机发生到他们身边的时候他们才有所察觉，而那个时候，通常已经束手无策了。

那么，我们就可以多了解一些医药行业的资讯，如果能有点自己的看法那就太好了，这样会更吸引人。

4. 借助“糖衣炮弹”

我反复说，不管是药店的老板、药店的采购，还是店长、店员，他们都是人，都要生活，都要养家糊口，都有自己的爱好等。说这么多，就一句话，他们都需要钱。但君子爱财，取之有道。这个道，你不要等着别人开口，要自己来铺。

记住，所有的合作开始都是利益当头，感情在后。开始彼此都不信任，你谈感情，那都是不靠谱的事情。

以上是个人做终端的一些见解，希望对大家有所帮助。

第二十五计

偷梁换柱

【**原典**】频更其阵，抽其劲旅，待其自败，而后乘之，曳其轮也。

【**释义**】多次变动他的阵容，暗中抽换掉他的主力，等待他自己走向失败，然后趁机控制或者吞并他。这就像拖住大车的轮子，也就控制了大车的运行一样。

【**OTC 销售浅解**】在 OTC 销售中用到此计，主要体现在我们在销售中要善于分析竞品的优劣势，拿出客观依据。即使在竞品做得比较好的情况下，我们也能抢占其市场。

另外，我们也可以通过语言的魅力来偷换概念，解决销售中自己产品与竞品之间的不足。但是“偷梁换柱”的关键点在于对自己产品、对竞品及市场情况了如指掌，才能够“偷换”成功。

【销售案例】

案例1　做我产品的五大理由

在 OTC 终端市场竞争白热化的今天，可以说没有哪个产品是没有竞品的，即使没有同名的竞品，同类的竞品也不会太少。但是药店对品类管理是越来越重视，不能过多地引进竞品，药店的采购负责人也明白这个道理。可是，我们如何在这样的环境下去突围，去抢占属于我们自己的那份市场呢？

在某区域操作 WFL 这个产品的时候，产品竞争也异常激烈。前有 WAK 十多年的销售基础和固定客户。保护期过后，JG 利用现有的渠道，快速铺货，利用品牌优势和厂家的实力，大面积开展终端包装和店员的培训活动，半年的时间已经取得了相当好的成绩。越是这样越说明这个产品有市场。

在和康健大药房的谈判中，吴经理就说：“这个产品我们公司太多了，同名的产品已经有 WAK、JG，同类的产品还有 ALD、XAL 等都是名厂名优的产品，并且价格带也非常丰富，有一定的市场基础了，真的不想再引进相关的产品和自己现有的产品竞争。”我说：“吴经理，您说的这个问题我都懂。可是，您想其他的单店和连锁也和您的情况是一样的，那为什么我们还能合作上？给我十分钟的时间，我给您介绍。”

我开始一一道来："第一，在单盒销售中，我们的销售毛利润是最大的。您看 WAK 进货价 ×零售价 ×，中间的差价是 ×，而 JG 的进货价 ×，零售价是 ×，我就算他给您最大的政策，您的利润空间是 ×，所以我们的利润空间最大（一定要把账算清楚）。在这类消费价格敏感度比较低的产品，一推荐就能形成销售的，为什么不销售我们的产品？

第二，可以完善您的价格带。JG 做低等价位，WAK 做高等价位，我们的 WFL 刚好做中间价位，这样不管什么样的消费人群都能在您的药店里购到药。

第三，保持供货商的平衡。现在 JG 给您大政策是为了快速铺货，如果有一天没有政策，您的利润空间被进一步压缩，您是不是不卖了？据我了解已经有部分药店没有政策了。

第四，从临床数据来看，我们的有效率更高（拿出临床报告数据给吴经理看）。

第五，终端维护动销。据我了解，JG 和 WAK 都有终端乱价的情况，而我们有终端人员维护市场价格，保证您的最大利润空间。另外，我们还提供荧光板、POP、海报、展架、药师卡等一系列的物料来配合终端销售。而据我了解，很多药店，其他两个厂家都没有提供这些服务。"

分析有理有据，也是实际情况。这样吴经理就抱着试一试的态度，和我们合作上了。

没有完美的产品和市场操作模式，只要用心，总能找到突破口。我们一定既要勤于跑店，也要勤于思考，这样才能在激烈的市场竞争中分得一杯羹。

说到这里，你赶紧讲一下客户必须和你合作的五大理由吧。

案例 2　对手的"懒"就是我们的机会

市场不是一成不变的，只要你稍不注意，你的客户就会被竞争对手抢去。当然，对手稍不注意，他的客户也会流失成为你的客户。

紧急避孕药市场的好多"婷"在市场上厮杀，稍不注意市场的格局就会转变。吴总是 HT 的省总，在 YT 和 DM 还有 KRE 的市场上有一份自己的市场确实不容易。

吴总改变传统的招商模式，即“打款就发货，只一味要求代理商拿货，而不管代理商的销售情况”。吴总采用辅助代理商销售，帮助代理商建立终端队伍，甚至在一定程度上管理终端队伍；帮助代理商做终端的陈列和终端包装；帮助代理商铺货甚至谈判大型的合作协议；帮助代理商做终端动销的活动，比如单品突破和晒单发红包等活动；协助代理商开展店员培训和精英店长旅游等活动。

市场总是公平的，你付出就会有回报。很快终端的反馈出来了，暗访门店基本上就将 HT 作为首推品种，产品销售一个月比一个月好，前途一片光明。

可是，你做得好的时候，竞争对手也会关注你。由于吴总的区域做得比较好，公司将他调离到别的省份工作，而新的负责人迟迟没有到位。一个半月的时间，由于终端跟进不及时，代理商缩减终端维护队伍，没有有效管理终端业务员，很快终端的大客户被 YT 反扑回来，用一点小小的政策就将 HT 挤出了前三甲。

我和吴总聊天时分析到，前期辅导销售压货以后，形成了比较好的动销。而我们的业务员疏于拜访，或者说终端拜访的方法不对，没有和客户建立良好的客情，没有及时压货，这样 YT 借助这个机会就很快压货上量。等我们的队伍发现销量下滑，准备去压货的时候，发现 YT 已经压了半年的库存，我们很难再有大的突破。

市场，对每个人都是公平的，突然崛起的产品，引起了竞品的关注之后，更容易被打压。我们只有坚持做下去，不留给竞品反扑的机会，才能保住现有的份额，否则，稍不注意就将前功尽弃。

【借题发挥】

竞品调查我们应该怎么做

做竞品调查是我们终端销售代表的一项重要工作，但是通常情况下，我们的销售代表存有误区，觉得搞市场调查好像是领导吃饱了没事做，故意找碴儿刁难我们。

但是，当你理解透彻了竞品调查的重要性，你就会发现，详尽的竞品调查，一是能让我们对竞品了如指掌，在业务谈判进行竞品对比时能手到擒来；二是做好竞品调查也能让我们对自己的产品增加信心；三是通过了解竞品来找到我们产品上量的突破口。

竞品调查如此重要，但是我们很多销售人员的竞品调查做得比较简单，只是了解产品的属性调查，而没有进行市场调查和竞品销售团队的调查。我下面给大家几张表格，供大家做竞品调查时使用（表 25 - 1、表 25 - 2 和表 25 - 3）。

表 25 - 1　产品基础信息的市场调查（一）

产品基础信息的市场调查						
品名	剂型	剂型的特点	主要成分	品规	用法用量	不良反应

表 25 - 2　产品基础信息的市场调查（二）

产品市场市场信息调查											
品名	品规	进货渠道	进货价	零售价	毛利率	毛利额	销售模式	销售政策	促销活动	有无团队维护	团队维护满意度

表 25 - 3　麝香市场调查竞品分析表

产品名称	云南白药气雾剂	沈阳红药气雾剂	消肿止痛酊（花红）	李时珍麝香祛痛搽剂	南洋理通麝香祛痛气雾剂
产品规格	85g + 30g	60g	33ml	100ml	108g
价格体系	供货价 - 零售价：29 ~ 41 元	供货价 - 零售价：20 ~ 35 元	供货价 - 零售价：9 ~ 15 元	供货价 - 零售价：49 ~ 59 元	供货价 - 零售价：58 元

续表

产品名称	云南白药气雾剂	沈阳红药气雾剂	消肿止痛酊（花红）	李时珍麝香祛痛搽剂	南洋理通麝香祛痛气雾剂
功能主治	活血散瘀，消肿止痛。用于跌打损伤、瘀血肿痛、肌肉酸痛及风湿疼痛	活血逐瘀，消肿止痛。用于跌打损伤、局部瘀血肿胀、筋骨疼痛	舒筋活络，消肿止痛。用于跌打扭伤、风湿骨痛，治疗手、足、耳部位的I度冻疮（急性期），症见皮肤肿胀、瘙痒、疼痛	活血祛瘀，疏通经络，消肿止痛，本品用于各种跌打损伤，瘀血肿痛，风湿瘀阻，关节疼痛	
用法用量	外用，喷于伤患处。使用云南白药气雾剂，一日3~5次。凡遇较重闭合性跌打损伤者，先喷云南白药气雾剂保险液。若剧烈疼痛仍不缓解，可间隔1~2分钟重复给药，一天使用不得超过3次。喷云南白药气雾剂保险液间隔3分钟后，再喷云南白药气雾剂	外用，喷于患处，每日4~6次	外用，擦患处。口服，必要时饭前服用，一次5~10ML，一日1~2次	外用，涂搽患处，按摩5~10分钟至患处发热，一日2~3次。软组织扭伤严重或有出血者，将药液浸湿的棉垫敷于患处	
注意事项	孕妇禁用；对云南白药过敏者忌用。皮肤受损者勿用	孕妇禁用	儿童、孕妇禁用。经期及哺乳期妇女禁用。肝肾功能不全者禁止口服。对酒精过敏者禁用	孕妇慎用。乙醇过敏者禁用	
销售模式	全国广告+流通模式+重点终端试喷活动	商业流通模式	广告支持+商业流通	重点终端促销员驻店促销	控销+店员培训+流动促销员+试喷促销

续表

产品名称	云南白药气雾剂	沈阳红药气雾剂	消肿止痛酊（花红）	李时珍麝香祛痛搽剂	南洋理通麝香祛痛气雾剂
特点	领导品牌，广告力度大	区域性品牌，主要在东北市场	广告支持，零售价低	空间大，有促销员	空间大，控销

结论：1. 控销模式，维护市场价格，毛利空间最大。2. 老品牌，有一定消费者基础。3. 使用方便。4. 气雾剂剂型效果显著，起效快。5. 店员培训。6. 流动促销

第二十六计

指桑骂槐

【原典】大凌小者，警以诱之。刚中而应，行险而顺。

【释义】强者制服弱者，要用警告的办法来诱导他。主帅强刚居中间正位，便会有部属应和，行事艰险而不会有祸患。

【OTC 销售浅解】在 OTC 销售中用到此计，主要体现在我们在销售中主要是和客户一起抱怨竞争对手的不足来抢到合作的机会，或者在 OTC 销售管理工作中，我们提倡“恩威并重，刚柔相济”。

对于团队规矩的破坏者或者说负能量的传播者，必须予以处罚，警示那些有负能量的人。

当我们在领导面前开始抱怨产品不好销售的时候，我们有可能就成了领导管理中的“桑”，我们就有被弃用的危险。所以，在团队中你最好闭好你爱抱怨的嘴巴。

【销售案例】

案例1　客户有怨言，你就有机会

其实，在药品的推广过程中，我们更希望竞争对手做好他们的产品，把这一类产品的市场引爆。通常情况下，如果竞争对手没有服务好客户，使产品滞销或者销量不佳，就会导致客户对这一类产品的不认可。当我们这些竞争品种再去药店谈判的时候，就会被药店负责人以“这一类产品在我这里卖得不好”而顶回来，那么如何破解呢?

在开发同济堂东门店的时候就遇到了类似的情况。当时李经理介绍说，店里不仅有同类的竞品，连我公司其他规格的产品都有。所以尽管我讲了“合作 6 大理由”，但是李经理还是不相信，说：“最主要的是这些产品都上了，卖了不好，也没有人来管，想卖好都难。你们这些厂家就是会说，办起事情来又是另外一回事了!”

听到这里，我感觉机会来了，就开始进入进攻状态：“是的，这样的销售代表确实令人讨厌，他们的不诚信、出尔反尔才导致我们现在的销售工作越来越难做。这样，李经理，我们的做法与别的厂家绝对不一样，产品进来后，我们给您提供海报、台卡、荧光板等一系列的促销工具。另外，在您的会员日等活动期间，我们还会派业务员过来做促销，协助您销售。”

“得了吧，你们这些厂家的人都说得这么好，不敢相信你们了。”李经理有点心动又有点犹豫。“我觉得双方的第一次合作，就看谁先信任谁。我愿意迈开第一步，您看这样行不行，我先给您把这些物料和礼品送过来，今天也把费用给您，等我的这些物料和费用到位了，您再进货怎么样？另外，我们产品商业走货，就算卖得不好，您也可以退货。退货，公司对我们的处罚更厉害，这个险我是不愿意冒的。”

说完这个，李经理点头答应：下午就安排业务员全部到位，顺利合作，后续也按照我们的承诺执行，量也起的非常快。

竞争对手没有服务好客户，就是留给我们机会。只要客户报怨，我们就有了合作机会。

案例2　胳膊永远拧不过大腿

记得我空降到一个公司做销售经理时，公司的“老油条”代表们非常不爽，因为我一去就立规矩，破坏了他们的“好日子”。他们“处处与我为敌”，不管怎么对他们好，总是不领情。他们觉得自己是老业务，积攒的客户多，业绩干得也不错，我不能拿他们怎么样。

但是，既然公司要改变，那么就要有一场血雨腥风。首先，我将新老代表分开开会，因为老代表总是抱怨声很大。我说什么动销方案，不合他们的意，或者损害他们的利益，他们总是以负面的消息来抵抗。抱怨多了，老代表天天喊着要走，结果一个都没走，新代表却活不下来。分开开会后，我不断鼓励新代表，传播正能量。

其次，我扶持优秀的新代表。不管怎么说，我是销售经理，手上的资源比较丰富，再加上在这种环境下，据说有两个销售经理被他们搞走了，我必须扶持一个心腹，让他的业绩快速提升。

三个月过去了，公司其他部门的领导说，你们部门业绩最好的销售额还是 GTJ 吗？我回答道，不，早就不是了，我们的新人 LB 已经是新的销售冠军了。借此来打破传统思维，树立新的形象。

有一次开会我宣布新的季度任务和促销政策，老业务 GTJ 说："政策不合适，我做不了。公司的产品不好，模式不好，授信不够，没法做！"我说："好，既然没法做，你就不用做了，你去财务部结账走人。一个搞销售的说公司这不好，那不好的，还能干吗？正式通知你，你不用做了！"在场的人全部目瞪口呆，不说话了。"我要给老板打电话。"GTJ 声音有些激动。"可以，只要老板说你不能走，我马上走！"我淡定地回答。然后他出去之后就再也没有回来。

然后我做了总结，希望大家能够在一个正能量的工作氛围中工作，谁再传播负能量，谁就是毒瘤。对于毒瘤，要么是铲除，要么是"杀无赦"。

我们做销售做得好的，有的时候就容易狂妄自大，目无一切，结果只会自食其果。在这里，我要嘱咐所有的朋友们，一定要保持一颗谦虚、谨慎、尊重他人、虚心学习的心，要不然你就有可能成为"杀鸡儆猴"里的那只"鸡"！

【借题发挥】

敢抱怨产品不好卖？先回答我八个问题

最近发生了两件事，一是有个 OTC 战友在微信留言，说他的连锁搞了产品培训，销量不容乐观，不知道怎么办？二是我的一个销售代表说他和药店老板认识了 3 年，进场很容易，抱怨产品卖不动，老板不给他结款。

我想很多销售代表都有这样的抱怨或者困扰，那么碰到这种情况，如果是我，我会反思这几个问题。如果是我的销售代表抱怨，我会说，闭嘴，先回答我几个问题！

第一，从发货到现在，你去拜访过药店几次？

如果你发了货，就不再去药店拜访，直到结款的时候再去。还有些销售代表，只去连锁总部拜访，从来不下门店，一说就是忙得不得了。你再忙，这个连锁排名前十的门店总该去吧？

你不去，对不起，你的产品肯定卖不动。不要说你和老板有多熟。首先，老板能在店里上几个小时的班，能卖你多少货？其次，药店少则3000个品种，多则5000个以上，凭什么记住你的产品，凭什么卖你的产品？最后，别以为老板都知道怎么卖你的产品，他的产品知识也许没你多。所以，你的产品连露脸的机会都不多。

如果这一点你都没有做到，卖不动，总结就是两个字“活该”。如果你连店都不跑，动都不想动，你还是什么都不要想了。

如果你说，拜访的很频繁，那么我就会问你下面的问题：拜访不是去了药店就是拜访了，要区别“有效拜访”和“无效拜访”。

第二，你有没有教店员怎么卖你的产品？

不要以为你跟他很熟，好像他就应该会卖你的产品似的。这是很多销售代表容易出错的地方。什么是客情关系好？我的“三个检验客情黄金理论”中的一条就是“产品能不能上量”，不能上量，就是关系不好。

首先你把产品知识讲出来，然后角色互换。如果你是店员，你怎么推荐给消费者？如果你自己都不知道怎么卖，回去好好背产品知识吧。

如果你的产品知识过关，那么在拜访中，我们要教店员怎么卖货。没有能力组织店员培训会的，就“面对面”培训，讲故事给他们听，别人卖得好的药店是怎么卖出产品的。有能力的组织店员培训会，系统化地教店员卖。店员培训要反复搞，直到他们真正掌握为止，反复地说，说到让他们相信，运用自如，永远不要低估“重复”的力量。

第三，店里有没有你的“枪手店员”？

跑了那么多回，培训也搞了，那么你有没有找一个“枪手”店员？不管你是靠小恩小惠，还是靠红包，还是靠感情，还是靠个人魅力……总之，店里有没有一个认可你的店员，有没有一个关系好的店员。

如果有，你的产品不会卖不动。如果没有，想想办法，赶紧发展一个吧！

第四，产品的陈列位置如何？

最好的检查方法是问店员，这个产品店里有没有，陈列在什么地方？如果其中的一个项目，店员不能正确回答，那么你的产品滞销也不意外。

是不是按照我们的陈列要求陈列？位置、陈列面、数量是否是按我们的要求陈列达标？在这个“店员不愿意多说一句话，不愿意多走一步路，不愿意多做一件事”的情况下，你想让他费劲地去拿货，是你，你愿意吗?

陈列等于销量。陈列的位置体现着产品在这个药店的重要性。陈列在哪里,体现着店员的注意力在哪里;店员的注意力在哪里,销量就在哪里。

别的不说,赶紧把产品陈列好,就是一个标准:“看得到,拿得到,买得到。”

第五,你不是说竞品卖得好吗,搞清竞品都做了什么?

很多销售人员回来不仅说自己的产品卖得不好,还说竞品卖得如何好。一听就来气,这不是灭自己威风,长他人志气吗?竞品为什么卖得好?他们是什么样的供货体系,他们做了哪些动销活动,他们有没有团队维护,他们的销售人员和店员的关系如何,你至少要了解清楚吧,至少还能想个对策。

不知道赶紧去了解,调查清楚了回来再说!

第六,问店员为什么卖得不好,怎么才能改善?

当你真的不知道怎么办的时候,直接问店员:“我怎么做,你们才愿意卖货?”有的人说,我问了,店员说产品没人找,推了没人要,别人嫌贵,说这个产品没有听说过,等等。要是这个产品都满足他的条件,公司还要我们这些代表干吗?

要听真话,你再联络一下,他全告诉你了。原来是你的产品不是真的首推,竞品给他们红包晒单,竞品被公司下了任务量,对你的货不了解,不知道怎么推,等等,不一会儿工夫,“滞销”最核心的东西都会告诉你。

第七,你为了改善销售,“借力”了没有?

同等情况下,你有没有向公司的优秀销售代表请教,他们是怎么处理的?同等情况下,你有没有问和这个药店有合作的厂家,他们是怎么运作的?公司提供的POP、吊旗、展台、爆炸卡等提醒物料,你有没有使用?公司的促销员你有没有安排其到药店示范给人看?有没有促销员?你自己就应该是你们产品最优秀的促销员,药店的会员日、促销日,赶紧自己穿上白大褂上岗吧!

第八,你打算怎么办?

有了真实的市场情况,你打算怎么办?降供货价、降零售价?

第二十七计

假痴不癫

【原典】 宁伪作不知不为，不伪作假知妄为。静不露机，云雷屯也。

【释义】 宁可假装无知而不行动，不可以假装知道而去轻举妄动。云行于上，雷动于下，云在上有压抑雷之象征，这是屯卦之卦象。

【OTC销售浅解】 在OTC销售中用到此计，主要体现在我们在销售中不要轻举妄动，盲目开发。尤其是在开发连锁药店的过程中，一定要做好市场调查和销售预警，谨防盲目开发，导致滞销后而束手无策的局面出现。

另外，我们要正确看待市场的开发，一个产品做不好比不做更可怕，所以，启动市场或者开发客户之前一定要做好充分的准备。我们的业务员日常跑店当中，没做准备和规划，盲目去跑，结果人累了不说，还不能有一个比较理想的结果。

【销售案例】

案例1　虚假的繁荣之后是一片萧条

我曾在中途接手过一销售团队，操作WFL这个产品。当时接手的原因是原OTC销售经理在市场开发和上量方面难于突破，团队管理混乱，OTC代表流失严重，最主要的是连锁药店花了巨额的进场费后，却不见销量。

代理这个产品的是一家医药公司，老板非常看好这个产品。但是，老板是做招商发家的，初次尝试自己运作OTC终端。刚开始，为了追求铺货率，盲目地不惜一切代价开发连锁药店，交了不少的开发费，甚至为了简单上柜，超出一般水平的开发费也花了不少。在他的观念中，只要能和消费者见面就会有销售。在经历了繁荣的开发之后，滞销让整个经营陷入了萧条之中。

我接手之后，首先走访市场，了解到此产品的销售关键点在于门外的POP或荧光板宣传和店员的推荐。在走访连锁门店的过程中，出现了门店没有货（总部的铺货不到位），店员不知道此产品在店里有销售，店员不知道药品的摆放位置，店员反映没有OTC代表过来跟进，产品不在连锁药店的推荐级别之类等一系列的问题。

了解这些问题之后，以JYT连锁为例，来谈谈我的改善措施。

第一，重新制订了业务员的管理规范和工作内容，要求连锁门店落实到人，要求保持拜访率，拜访要留下痕迹，让业务员的跑动使终端药店的店员对产品产生印象。

第二，与连锁总部沟通。在目前的条件下，我们的产品能调到什么级别的销售，目前竞品是什么样的销售级别，如何能够超过它，保证店员销售我们的产品得到的利益大于竞品。另外，针对采购关键人进行公关，在接下来的2~3个月中，尽量少采购竞品，让它处于断货的通道中。

第三，在调整完销售级别之后，开展了一场在连锁药店总部举办的店员培训活动，讲解销售中的推荐技巧。

第四，挑出该连锁销售最好的十家门店进行突破，要求业务员参与到该门店的促销活动中，与店员和店长充分沟通，反复传达我们的产品知识和销售利润。

在做了这些基础工作之后，JYT的销售立马形成突破，取得了不错的业绩。

反思造成这一局面的原因，在于开发前没有了解连锁药店的一些基本情况及制订有针对性的动销方案、对业务员的管理没有制定符合企业现状的管理方法。

案例2　做不好比不做更可怕

很多企业在操作产品的时候，盲目上马、不做充分的市场调查和营销规划，没有挣到钱不说，还把这个产品卖得不好的印象留给了药店。一旦药店失去销售的信心，想重新再做，就非常困难了。

我所接触的就有一个这样的品种。最开始由代理商操作SX这个产品，后来由于生产企业转型，自主操作OTC市场，加之代理商本身做得不好，所以企业很快接手市场。

接手后由于没有做好充分的市场调查和实施新的营销策略，之前的代理商也没有用心做产品，导致药店对该产品失去了信心。“以前卖过，不好卖”成了众多药店老板拒绝合作的原因之一。加之公司成立办事处自主操作，成本费用增加，产品的零售价和供货价都相应提高，而以前的供货价和零售价很透明，这就导致药店更加反感。而业务员没有经过专业的培训就上岗，节节败退，最后撤销了办事处。

据说后来有人操作过此产品，但都不了了之。

反思这个案例，倒不是说这个产品本身不好，或者说第一次代理商没有操作好，这个产品就注定失败，主要原因还是在于营销策略不对症，销售管理工作没有做好。

在 OTC 的开发市场工作中，我们一定要谨慎。很多人急于开发市场，没有做详细的市场规划，特别是招一些兼职的业务员，不给他们下销售任务，不参与到他们的销售管理中去，结果市场被他们做乱了，把客户的信心做没了，反而影响整个产品销售的规划。

【借题发挥】

OTC 代表如何高效“跑店”

近日和 OTC 代表走访终端，发现很多厂家的 OTC 代表“跑店”基于流程化、简单化，并没有达到我们终端日常拜访所要达到的效果。见到太多 OTC 代表进店后只是询问完库存，是否缺货就匆匆离去。也有 OTC 代表按照公司要求，拍完照片就离开。还有 OTC 代表进店后，简单沟通后，沟通不畅就气冲冲离开。更有 OTC 代表聊了半天杂七杂八的，但丝毫没有谈产品的事情、工作的事情，聊是聊开心了，可是忘了主要的目的。一切不以提高终端销量的拜访都是无用功！今天和大家分享一下，如何高效跑店。

第一步：做好计划，制订好目标，准备好说辞，提前预约。

跑店的前一天晚上应该规划好跑店的数量和线路，避免重复往返路线，导致大部分时间浪费在路程上。

明确每一家店的拜访目的。具体的做法是每周日将自己的目标客户归整，根据自己的区域，安排周一至周五拜访不同的客户，严格按照规划执行。

拜访的目的是为了提高产品的销量，一切不以提高产品销量为目的的拜访都是无效拜访。目标应该具体化，比如去同济堂药房的目的是让其进雪梨膏50盒；把现有的雪梨膏陈列面调整为3个陈列面；贴一张POP在户外玻璃上；和店长沟通促销方案A来达成进货量。一定是具体化的，而不是笼统地就让药店进货，等等。

准备好说辞。跑店拜访，一定要给自己找一个漂亮的理由，要不然店员或经理店长说，你怎么又来了？你无言以对。常用的说辞有：以送名片为由再次拜访，以送资料为由拜访，以提供促销信息为由拜访，以向客户咨询问题或解决疑问为由拜访，以借口路过为由拜访，以陪同上司巡店为由拜访，其他原由都可以。

提前预约。绝大部分的销售代表不爱打电话预约客户，而导致的后果是白跑一趟，浪费了时间还没有办成事，这是大多数销售代表的通病。对于重要的客户，或者有重要的事情去找某一客户沟通，拜访前一定要事先预约，一来表示对客户的尊重，增加在客户心目中的印象；二来也让自己高效拜访。

第二步：终端拜访最好做五件事情。

铺货：这里的铺货不只是产品首次进货，也包括补货和替代竞争产品。我们的销售代表通常进药店只关注自己的产品，不关注竞品的相关情况。我们在查看完我们的货位和产品库存之后，也可以在药店里看看其他的相关产品。比如，药店在卖修正的二丁颗粒，我们能否用我们的二丁颗粒和药店合作，拦截竞品等？比如药店某品种并非从我们医药公司购进，我们能否和药店沟通，以后从我们的渠道购进？是不是增加了产品合作的品类，增加了销售额？

陈列：我们的销售代表经常会被店员的这句话误导："你放心，只要我们想卖，摆在那里都能卖。不想卖，就是放在最前面也卖不动。"这句话，有一定的道理，但也不能全信。你想一个连产品摆在哪里都不知道的店员会推荐你的货吗？店员愿意到货柜的最后一层或最高一层去拿货吗？从偏远的角落里拿出一盒药推荐给消费者，你是消费者，你愿意买吗？想想这些，我们的陈列工作是有必要的。

简单地说，我们陈列的要求是"看得见，拿得到，买得到"。具体说来，就要求货品陈列在最佳位置。开架式货架要求摆在第一、二层，货柜式的放在第一层，陈列面要求3个以上，陈列的药品要求10盒以上。让店员伸手就可以拿到。

促销：促销工作包括两方面内容，第一方面的内容是利用药店的促销日，带一些礼品，现场销售我公司的相关产品；第二方面的内容是向相关的人员讲解促销政策。

在这里要强调的是促销活动要反复地说，每来拜访一次就要提醒一次。很多销售代表被自己的固定思维所束缚，一两次没有谈成就不再谈了，觉得这个客户是做“批结”的，我们的促销活动要求现款，别人不会做的。而事实并非如此，很多客户愿意用现款做这次促销活动得到实惠的礼品，其他的产品仍旧批结。

店员教育：一谈到这个问题，很多销售代表都头疼。一些销售代表是不知道教育什么，因为自己的产品知识和相关疾病知识都不丰富，这个没有办法，还是自己找渠道补充知识，而有的销售代表是不知道用什么方式去培训。有的时候，像比较大的店铺或连锁药店我们可以要求公司的培训专员培训，但更多的时候是要求我们在日常拜访的时候就把店员教育工作做好。

多年的实战经验，我觉得用“吸引法”的效果比较好。具体说来就是问店员某一产品卖得怎么样？他回答卖得不好，你就表示惊讶，然后给他讲一个某一药店一个月卖50盒是怎么做到的，把产品知识和方式方法融入故事当中。这就是我常说的“有故事，讲故事；没故事，编故事讲”，这种方式既达到了培训的目的，又让店员容易接受。

客情维护：一说到客情维护，大家似乎觉得就是要给店员送礼品。其实不然，客情维护的重要性，还是那句话“没有利益就没有客情，没有客情就没有首推，没有首推就没有销量”！而这里的利益不仅仅是指物质和金钱。

既然是“客情”，那么这个“情义”很重要，我们要通过一些方式来维护这个感情。给予物质是一部分，也是初期我们需要做的。而后期的拜访，物质上的东西要越来越少，精神层面的东西要越来越多。

随着和药店的关系深入，对于夫妻店或者药店店长，可以聊一下药店的一些促销建议、药店经营的建议，因为你天天在药店穿梭，见的案例多了，一个药店的故事可以讲给多个药店听。对于店员，可以聊聊生活中的事情或者一些时政新闻、兴趣爱好、旅游见闻等。总之就是一句话“察言、观色、攻心、投其所好”。

在这里我要强调一下的是聊天这件事。很多销售代表，聊天是聊开心了，但是并没有将产品的相关事宜穿插其中，最后的结果是销售的事没提，销量没有明显的变化。销售代表在聊天的过程中，一定要时不时转到产品的相关事宜上来。

第三步：做好拜访记录。

都说好记性不如烂笔头。现在的销售代表多数不爱做销售笔记，经常会出现到了店门口，忘记了店长姓什么，或某一重要的店员叫什么，或者上次交代的什么事情忘记办了等。拜访完，出了店门，我们应该记录拜访药店的时间，重要人物的姓名，需要办理的事情，答应进货的日期、渠道和数量，其他对日后维护客情有用的信息。

做零售终端药店的拜访，我一直要求销售代表做到“简单、高效、细致”，也就是“流程简单化，效率高效化，工作细致化”。这样的拜访才是有意义的拜访，这样的拜访才是“挖井式”的拜访。等到你积攒够了，销量才会上升。

第二十八计

上屋抽梯

【原典】假之以便，唆之使前，断其援应，陷之死地。遇毒，位不当也。

【释义】借给敌人一些方便（即我故意暴露出一些破绽），以诱导敌人深入我方，乘机切断他的后援和前应，最终陷他于死地。

【OTC 销售浅解】在 OTC 销售中用到此计，主要体现在我们在销售中要时刻注意保证竞争优势，有了一定合作基础之后，要想办法减少竞品参与到我们的销售中。

比如，把我们的产品谈成该药房的定量首推，搞好和采购关键人的关系，使其不再引进竞品或者减少竞品的采购；或者时刻关注产品销售情况，一有机会就持续压货，让客户没有进其他产品的机会，让竞品没有进来的机会，让我们的产品在销售中保持竞争优势。

【销售案例】

案例 1　无情地拒绝

依稀记得刚开始做业务，跑 KSNJ 这个产品的时候，开发 TRK 药店遇到的这个案例。

KSNJ 作为一个妇科外用的产品，当时除了老竞品保妇康栓这个强劲的对手外，还有消糜栓当时大行其道，电视广告也是每天猛打。最可怕的是由于修正和万通当时的操作模式，现在我们称之为控销，可以压货。他们的压货，我们的产品真是无缝可钻。

跑 TRK 不低于 5 遍了，王经理始终没有答应进货。问其原因，他总是用“同类产品很多，我们暂时不需要，你们的产品价格太贵”等话来敷衍。

最后，我打算破釜沉舟，为什么不能合作，王经理你得给我一个痛快的说法。王总说：“小鄢啊，我说竞品太多，你们真的不行。来，你看看我的仓库，有足足五件消糜栓，是先放在这里卖，不要钱的。我的仓库就这么大，怎么放得下你的货？你以后不用来跑了，会耽搁你的时间。看你刚跑业务，又这么用心，我才跟你说的，确实是库存量太大。”

我停顿了一下，说：“王总，这和我有什么关系？”王总不解，我继续说：“今天来我也不是让您非得进一件两件货，我主要是想跟您合作，有您这么一个优质客户。虽然说消糜栓没有压您的货款，可是卖完了您总是要跟他结款的吧。我们的单盒利润比他们的利润高，我们还有店员培训等学术推广活动。第一次合作，只要您进 10 盒，300 元的货，给大家一个彼此合作的机会。您这么大个老板，一个挣钱的机会，何尝不试试！”话说到了这个份上，王总答应了这次合作。其实，我一直也是想在消糜栓的缝隙中吃点肉。尽管销量在增加，仍旧没有做到这个品类的第一名。

反思这个过程，我暗暗下决心，下次在别的药店，我一定要把自己的产品压进去。通过销售奖励也好，通过特殊关系也好，一定不给竞争对手机会。如果你在实战中，碰到这个问题，就要反思了。你找客户进货、压货，客户说，这些货卖完了就找你进货。结果等你下次再去的时候，发现客户又进了很多竞品，你就要反思了。

案例 2　搞定关键人，让竞品难以进场

被别人抽过梯子之后，吸取了教训，我也在自己“爬”上去之后，抽掉梯子，让竞品难以上来。

在和 PPA 连锁合作 DPF 这个产品的时候，就用到了这一计谋。但是，这个连锁里面本身销售的 DPF 是某临床带动的产品，因为有处方外流，连锁不得不做。但是没有人过来维护客情，一直处于自然流的状态。而 DPF 生产厂家比较大，是某国内知名厂家，尽管是它的二线品种，但是有品牌厂家的信誉做背书，产品质量这一块还是能够得到信任的。在供货价格和销售奖励谈拢之后，我们就合作上了，并且上量非常快。同名字的竞品只有一家，还处于不管不问的状态，我们的产品理所当然出量快，第一个月就达到了 1000 支的销售。但是，我觉得现在高兴还是太早。

因为这个产品是一个大普药，绝大多数的店员都知道怎么销售，而 PPA 又是一家知名连锁。一个产品的陈列位置、销量好，很容易引起同行的重视。于是，我觉得一定要公关好连锁采购的关键人，给他利益，让他不要引进竞品来分这一份羹。

所以我做了以下几件事情：第一，公司层面的返利要求每月进货量达到一定的标准才有；第二，要求我的产品上这一品类的首推；第三，当然也是

比较关键的，给予采购关键人一点好处，让他不要采竞品和引进新的竞品。

反思这一案例，有的时候我们的产品死活进入不了一家连锁，很有可能就是我们的竞品做了关键人的工作，导致在正常的流程下，产品无法进入。在以后的销售中，我也遭遇了此类事件，我的处理办法是，直接去找老板谈，反正正常流程做不进去，不如最后一搏，或许还有生的希望。

【借题发挥】

销量是压出来的

“销量是压出来的”，我在多个场合谈到这一观点。尝到甜头的企业微微一笑，压不进货的一脸惆怅。

最近听到了两个关于压货的说法，一个是我们跟客户承诺，以纯销为主，绝不压客户一盒药，获得了客户的好感，却没有获得客户的销量。还有一个是企业号称要和某品牌药共同做好某一领域的用药，压货不是好的销售手段，只有共同教育消费者来提高这一类病种的购药量就能增加产品的销售，结果患者教育了，大家都买了竞争对手的药。

我只想说，不管哪一类药，到药店购买的消费者的数量总是有限的，买了竞品的自然就不会买你的。

1. 为什么要压货

（1）客户的仓库面积有限，多进了你的，就会少进竞品。终端OTC代表开发新的药店和维护老店要求进货时，经常会听到客户说这么一句话：“同类的某某产品我这次进得太多，库存压力大，等我消化一些了再购进你的产品，不信打开柜子给你看！”一打开，满满的一柜子。你灰溜溜走了。然后等了一阵子，估计快卖完了，再跑店里去，发现又是满满一柜子，老板又说：“前两天又进了一批某某产品，你的还是进不了。”然后，你欲哭无泪。

其实，你反思过没有，为什么受伤的总是你？客户的仓库好比一个人的胃，吃了几个包子吃撑了，就算给山珍海味，也会无动于衷的，因为实在吃不下啊！你的产品再好，再有竞争优势，可是客户进够了竞品，你的自然是进不去的。所以，压货一定要抢在客户没有“吃饱”之前。

（2）只有压力大了，销售动力才大，销量才能提高。客户现金购进的产品，只有快速销售出去才能快速回笼资金，他能不用劲卖吗？哪有闲工夫去卖那些铺货的产品？内心的动力足了，推荐的力度就会加大。推荐的力度大了，销量大了，回头客就多了，药店推荐就更有信心，销量就稳定在高水平了。

这里，我要提个“概率法则”。比如产品的回头率是10%，你一个月卖10盒出去，会有1个人回来找，运气差点的一个回头客都没有，结果店员说产品的效果不好，下次不敢推荐了。一个产品，你卖100盒一个月，会有10个人回头找，店员说有效，推荐的也更有信心。这样就是好的越卖越好，差的越卖越差。

（3）更容易升华客情。没有什么比给客户带来利润更让他们开心的了。你的产品在药店畅销了，药店老板挣钱了，客户是你的上帝，但是你是客户的财神爷，客户会更看重你，怕你断他的货。因为从药店本身来说，培育一个“黄金单品”也不是一件容易的事情。这样你的地位上升了，受到了更多的尊重，再引进公司的其他产品，那也就是顺水推舟的事情了。

（4）堆头陈列，提升品牌效应。药店的库存量大了以后，肯定会加大陈列面和陈列数量，因为他们也知道“货要堆着卖”这个道理。另外突出的陈列也会引起店员的注意力和消费者的注意力，提高首推率和成交率。

2. 怎么压货

既然压货看上去百利而无一害，那怎么把货压下去呢？换一个角度，如果我们是客户，又凭什么要进这么多货？以下是笔者用过的一些手段，提供给大家参考。

（1）进货赠货。这个是控销界几个大咖常用的手段。进他们的品牌产品，其他跟随产品免费送。和修正某店老总聊天，他们一个月就有一个促销主题，一次就压客户半年的货，什么阿莫西林、感冒片都是免费送的。你想，一次压半年的货，你的机会在哪里？你如果不能压半年的货，压一个季度的也行啊？注意，这里千万不要拿近效期的产品送，要不然客户会反感的。

活动细则：一次性现款购进某产品200盒，赠送阿莫西林200盒。（价格体系根据公司实际情况制定）

（2）进货送礼。一次性现款购进某产品 200 盒，送金龙鱼大豆油 5L 的 10 桶。注意，这里赠送的礼品一定要是品牌产品，有一定知名度并且有质量保证。

（3）进货返利。一次性现款购进某产品 200 盒或者满 5000 元，返利 10% 。

（4）进货旅游。一次性现款购进 6000 元产品赠送海南三亚一周游。

（5）促销活动。这里有两种情况：一种是现款购进 20000 元的产品，给你做两天送鸡蛋的活动；二是给你做两天送鸡蛋的活动，你根据销售额购进多少金额的产品。这是修正、仁和、葵花压货用的最多的手段。

3. 货压完了干什么

很多厂家压完货，收了款就万事大吉了，坐等下次的压货。这里一定要警惕虚假繁荣后的一片萧条，不管压了多少货，我们都要及时关注产品的动销情况。压的货，客户卖得不好，最后找你退，你是退还是不退？因为我们毕竟做的不是一锤子买卖。滞销了，以后你再合作压货，客户会接受吗？

及时关注动销，还可以快速进行二次压货。当客户产品库存量不大的时候，再次压进去，无缝衔接不给竞争对手任何机会。

压货的几点注意：

（1）合理压货，充分考虑客户的消化能力。

（2）关注客户的零售价格，以免客户以价换量，低价出售，扰乱市场价格。

（3）关注客户的销售情况，以免客户低价“分销”，转移库存。

（4）协助客户做好动销，以免滞销制造麻烦。

（5）关注库存，伺机而动，再次压货。

（6）还要注意压货的时间，一定是在销售旺季来临之前就开始压货。6 月份是销售旺季，你起码 4 月份就应该压完货。

（7）压货本无罪，但要注意量。

第二十九计

树上开花

【原典】借局布势，力小势大。鸿渐于陆，其羽可用为仪也。

【释义】借助某种局面（或手段）布成有利的阵势，兵力弱小但可使阵势显出强大的样子。鸿雁走到山头，它的羽毛可用来编织舞具，这是吉利之兆。

【OTC销售浅解】在OTC销售中用到此计，主要体现在我们在销售中哪怕自己的力量非常弱小，也要给客户展示出我们的实力。

比如销售策略的制定，终端市场的包装和宣传，要给客户跟我们合作能挣钱的感觉，并且有可落地的执行方案作保障。

我们OTC销售人员也要适当提高自己造势的能力，也就是“吹牛”的能力，给客户信心，赢得销售的机会，达成合作。

【销售案例】

案例1　谈判中多用具体方案，少用江湖语言

在OTC销售谈判中，经常会听到一些江湖用语，比如“张经理您放心，我们的产品非常畅销”、“您放心，我们的产品卖得好得很”、“我们的产品如果卖不动，可以退换货”等。你越让他放心，他越放心不了，你越是说可以退换货，他越害怕。好家伙，进你的产品是为了销售，可不是为了退换货给自己徒增烦恼的。那么我们该怎么谈业务呢？我以自己的实战案例给大家讲讲。

和JKR连锁合作已经多年。在操作SX这个产品的时候，因为“销售发红包”和“单品突破”非常流行。考虑到产品上量的问题，让发红包“合法化”，获得总部的认可，我跟总部谈“单品突破的方案”。谈判当天，我直接带着我的打印在A4纸上的动销方案去谈，没有一句“江湖语言”，全是可实行的销售方案。

具体方案如下：

×××连锁大药房黄金单品突破计划书

为了更好地提高“×××气雾剂”在×××连锁的销量，实现协同销售、共赢，先提出将我公司核心产品“×××气雾剂”作为×××连锁药

房黄金单品突破销售的计划。

为什么要×××气雾剂作为黄金单品突破?

（1）高质量的产品

×××气雾剂是我国第一个中药骨伤科气雾剂，最初由湖北南洋药业生产销售，后被苏泊尔集团收购，策划销售。自1991年上市以来，临床和终端销售将近25年，产品质量有保证，疗效显著。2004年获得国家中药保护品种，2011年作为大足联指定产品，有一定的品牌基础和消费者基础。

（2）稳定的价格链条和利润

我公司采用控销的销售模式，终端价格得以维护，能够保证零售价的稳定。先供给健康人的品规为84ml，供货价为××元，零售价为××元，每瓶利润空间××元，远远高于其他同类型产品，并且为中英文包装，高端大气上档次。

（3）市场容量大适用范围广

据有关部门统计，有骨骼、肌肉疼痛的患者占全国总人数的18%，发病率高达20%，患病人群高达2亿人。以药店经营的实际情况来看，骨关节炎、风湿病、风湿疼痛、肌肉疼痛的购药人群非常庞大，多集中在中老年人。

×××气雾剂的功效在于“活血祛瘀，舒筋活络，消肿止痛”，用于跌打损伤、瘀血肿痛、风湿淤阻、关节疼痛。

（4）易于联合用药

与口服药搭配，比如鸿茅药酒、香丹清等厂家口服药产品。联合用药，内调加外用，更快解决消费者的患病痛苦。

与贴膏联合用药。先喷再贴，效果更好。

具体合作思路和步骤：

（1）利益分配，指标分解

第一，店员销售晒单，给予每盒×元的奖励，即晒即付。

第二，对于每月销售前三名的药店所有店员予以蓝月亮洗衣液（1kg）一瓶的额外奖励。

第三，指标分配，根据每个点的实际情况和产品销售发展的周期来看，前期目标定在每月××瓶。

（2）产品培训

开展一场“×××气雾剂”的产品知识培训，包含产品知识、推荐技巧、联合用药、销售中常见疑虑的解答话术等内容。

（3）终端支持

第一，给予×××气雾剂优于其他竞品的陈列位置和陈列面。

第二，药店的会员日（每月的6日、16日、26日），我公司将派经验丰富的促销员合理促销。

第三，开展消费者试喷试用活动，会员日或者常规时间在药店都可以放置试用装。

第四，可以根据药店的实际要求，提供终端促销或者包装的相关物料。

第五，有10名终端业务员负责地面销售的跟踪和服务。

案例2　适当吹牛，让自己有价值

在OTC销售实战中，我们会碰到两种OTC销售人员：一种是实实在在说实话的，太实诚；还有一种是“满嘴跑火车”的，牛皮吹上天。那么我们究竟该如何拿捏这其中的奥秘呢？

刚从公司接手ZL大药房时，采购经理根本就不搭理我，之前的KA经理也没有跟我交接，就给了个对方采购经理的名单。

第一次和ZL的采购经理打照面，人家根本就不搭理我，反而先声夺人：“你们怎么又换业务员啦，你们这业务员换的太勤了。今年你是第三个了，这个业务你们还想不想做？”

听了很不自在，心想，留下这样的不良印象，以后这业务该怎么开展？一是我们不是知名厂家，二是我们不是知名产品，三是产品在这个连锁的销售份额非常低，可以说是可做可不做的状态。因为第一次见面，就产品问题和采购经理做了一个简单的沟通，谈了产品想上量，需要我做哪些支持。

过了一天，我又过去找他谈业务。采购经理说：“小鄢，你们董老板一个月给你多少钱啊，你这么替他卖命。”我说：“底薪6000元，加5个点的提成！”

采购经理一听，眼睛就放光了，接下来的业务谈判和销售上量都进行得非常顺利。

听到这里，大家可能没有明白，为什么一句话“吹牛”会有这么大魅力？我来给大家讲讲。

大家想想，采购经理也是人，不是神仙，也要还房贷，也要生活，理所当然也需要钱。说实话，很多采购经理的基本底薪就在3000~4000元之间，又不是销售岗位，没有过多的提成，所以综合下来的收入也没有多少，甚至比我们很多销售人员拿的少。你说你挣的比他少，就3000元左右，别人怎么有劲儿跟你合作?

所以，我们不要惧怕采购经理，但是我们也要尊重采购经理，不仅因为尊重人是一个人的品质，更重要的是在这个销售系统中，他起的作用非常大。俗话说“小鬼难缠”，所以，我们要适当吹牛，适当展现自己的实力，也可以为销售提供便利。

【借题发挥】

“黄金单品”方案写作思路

在内训课和公开课中，我都会讲：大家一定要带着销售方案去谈业务。当中会提到一个黄金单品的方案，在这里我将黄金单品操作方案的思路跟大家交流一下，当然大家要结合企业的实际情况和产品的具体情况结合起来使用，不要照搬照抄。

1. 写出产品的市场需求量大

首先要突出产品的需求量大，市场容量大。如果你的产品是一个偏门的产品，市场容量少，谈黄金单品就没有意义。

比如，我们可以这样写：单品营销往往都是以牺牲同类品种销售份额为代价，来成全某个或某几个单品的销售上量。由于员工精力有限，在高度关注某个或某几个商品销售时，整个品类甚至是所有销售份额很容易被削弱，整体销售往往并没有提升。

而小儿消食咀嚼片却从整个儿科品类入手，与其他品类相互关联进行整体提升。儿科品类作为一个浓缩的、封闭的全品类在连锁中占据重要地位。通过数据分析，在儿科整个品类中，感冒类可占据30%，咳嗽类占据25%，补益类占据20%，助消化类占据20%，其他占据5%。从病症需求方面我们发现助消化类可以在一定意义上与感冒类、咳嗽类、补益类进行关联，从而提升整个品种效益。

小儿消食咀嚼片作为“健脾胃、消积食、祛便秘”的助消化类用药，可治疗儿童积食引起的“胃肠感冒”，与感冒药、咳嗽药联合服用可标本兼治；其治疗便秘的特效又可与补益类药物进行搭配，预防便秘，促进吸收。通过助消化类与其他品类的关联，提升了整个儿科品类的结构，使助消化销售占比由原来的20%增加到49%，销售占比提升一倍，销售额提升近一倍。

2. 强调你的产品质量好

产品质量永远是医药销售的根本。没有过硬的产品质量做保障，再好的营销手段也只是“昙花一现”。

具体怎么来写，我们可以这么写：如果没有品质保证，仅仅以高定价、高毛利、给店员高超额的奖励来刺激店员过度推荐、不科学推荐，最后自然会引起顾客的反感，甚至会减少连锁药店固定会员数量，影响顾客满意度和其在顾客心中的形象。

山东仙河药业是从军工企业改制而来，其产品品质和企业信誉一直被山东民众所称颂，治病效果好、老百姓认可、品牌信誉度高。小儿消食咀嚼片作为全国独家品种，其剂型独特，儿童和成人通过咀嚼服用，快速溶解于血液、产品起效快、作用迅速，使门店回头客不断增加。

3. 合理的利润空间

不管怎么说，对于企业来说要销量、要利润，对于零售终端来说，搞黄金单品突破的目的也是获得利益。但是我在这里要强调的是，所谓的利益，不仅仅是产品毛利，包括做这个产品能不能提升该品类在零售药店中整个品类的销量，能不能帮助药店建立品牌（这句话适合品牌企业，毛利空间不是特别大的厂家用），还包括我们对零售药店的支持，如终端物料、人员的支持，也包括其他运营管理方面的支持。

4. 用什么保证所说的能够实现

说得再多，如果不能拿出具体的、可实行的方案，相信客户也不会听我们“纸上谈兵”，我们也要写出用什么手段来保障实施。

我们可以这么写：公司邀请全国著名讲师××老师进行店员培训，指导专业化知识，告知店员针对顾客如何选择性推荐药品，坚持科学合理用药的原则，绝不乱搭配，乱推荐药品，选择真正适合患者的药品，使患者药到病除，从而使得顾客对连锁的满意度不断增加。

全年提供稳定的货源保证，地面团队的促销、推广、跟踪、培训、物料等支持也非常到位，能够有效组织人员配合连锁药店进行单品突破的落地、跟踪与执行，从而形成合力。如果单靠药店推广一个品种或者一个品类是非常困难甚至是做不到的。

因此，拥有地面团队做服务的产品，才可能做大，才可能成为品牌，才值得选择作为单品进行突破。

有些增量品类的销售需要慢慢培养店员的推荐习惯，一般要2～3个月才能形成。期间，店长、督导人员要了解执行情况并奖励销售黄金单品的店员，让销售黄金单品推荐慢慢成为每个店员的工作习惯。这样单品突破不仅容易成功，且在突破期过后能够“成活”并沉淀下来，从而带动这个品类的长期增长。

山东仙河药业要求业务人员做好连锁的客情维护，实时跟踪店长和督导部门，使其加强对门店黄金单品的跟踪力度，从而使店员形成了销售习惯，最后该黄金单品的市场也就形成了。

5. 实施时间表

×年×月×日　产品入场并且铺货到位。

×年×月×日　召开黄金单品动员大会及产品培训会

×年×月×日　终端包装和终端跟进。

×年×月×日　召开总结大会颁奖。

黄金单品打造的几个注意点：

（1）产品的选择一定要符合市场需求，有一定的市场容量，或者这类消费容量没有释放出来。

（2）一定是全员参与，要得到药房高层，甚至老板的认可和参与。

（3）一定要开动员大会，让全体店员重视起来。

（4）利益分配一定要合理，不要想着“又想马儿跑得好，又想马儿不吃草”的美事！

第三十计

反客为主

【原典】乘隙插足，扼其主机，渐之进也。

【释义】把准时机插足进去，掌握他的要害关节之处。逐步推进，争取主动以巩固自己的地位。

【OTC 销售浅解】在 OTC 销售中用到此计，主要体现在我们在销售中包含两方面的内容：

一是要努力变被动为主动，始终掌握销售的主动权，一切在自己的掌握之中。

二是要学会换位思考，站在客户的角度，从客户的角度去思考动销的问题和他的需求，通过满足他的的需求来达成合作。

【销售案例】

案例 1　OTC 代表你是跑店的，不是跑腿的

OTC 代表们通常说自己是在“跑店”，但从终端客户的反映来看，你的工作似乎不是在“跑店”，而是在“跑腿”。也许你有点不服气，那么听听终端客户怎么说——有些 OTC 代表一个月难得来店里几次，一般来就两件事：不是结款就是收计划，从来不做或者很少做客情或者交流产品知识，这也是很多企业的产品在终端卖不动的主要原因之一。当客户提出这个疑问的时候，也许你很吃惊，但是我并不觉得吃惊，因为我经常见到这样的代表。如果你的拜访，是下列情景之一，那么你属于“跑腿”型的销售代表。

（1）很少去客户那里，去了也不知道说什么。没有计划地跑客户，每个月去客户那里就两件事：收计划或者结款。

（2）每次去店里说几句话就走：老师，我们的产品卖得怎么样？麻烦您帮我多卖卖，我下次再来。每次拜访，在客户那里停留不到五分钟，匆匆进去，匆匆出来。在一个药店里能待多长时间，就体现着你跟客户的客情有多深，时间越短，客情越薄。

（3）铺新品的时候，给客户一个价目表，然后让客户挑选，客户要就要，不要 OTC 代表也没有什么话术应对。客户稍微问一些产品知识，OTC 代表就傻了眼，然后让客户自己看产品说明书。

现在你一定要问，真正的跑店是什么样的？

在之前的高效拜访中，我和大家谈的比较多，在这里，我再和大家做简单的交流：

（1）看货、订货、压货。走进药店，你要看自己所做的产品品规有没有缺货的，库存的数量和效期是多少，客户是否要下计划，下多少计划比较合适。另外，你还要看看竞品情况，竞品的效期好不好，库存的数量多不多，有没有机会把竞品替换掉。能不能压货给客户。当然，你的压货计划要准备好，给客户压货，要告诉客户有哪些可以得到的实惠。

（2）陈列。很多业务员忽视陈列，有的人听信店员的“鬼话”：货放在哪里都一样，我们只要想卖，摆在哪里都能卖。千万不要相信，在目前店员不愿意多说一句话、不愿意多走一步路、不愿意多弯一下腰的现状下，你相信了，吃亏的一定是你自己。良好的陈列不仅能刺激消费者的购买欲望，也能影响店员，加深店员对产品的印象，也能引起其他药房的兴趣，因为药房的老板之间总是互相暗访。陈列更体现着销量，体现着客户对产品的重视程度。所以，大家不要忽视。

（3）维价。一定要看客户是否按照你们的统一零售价卖货。不能保证最高零售价，就不能保证客户的利益最大化。价格战带来的后果就是大家都不再卖你的产品，价格战不仅使你的产品的毛利率和毛利额急速下降，当大家觉得卖你的产品因为价格问题可能伤客的时候，你的产品就会被淘汰。所以，大家千万不要纵容乱价的行为。

（4）店员教育。很多人在跑店的时候忽视了这一点，觉得药店的店员比我们专业得多，如果你是这种想法就错了。店员每天面临七八千个品种，也许对整体产品的把握度比我们强，但具体到产品上，我们应该比店员懂，我们应该是自己产品的专家。你知道你的核心产品是治什么病的吗？你能将药品说明书的“功能主治”一字不差的背诵下来吗？你知道什么症状的消费者可以吃你们家的药？来找什么药的消费者可以将你的产品联合用药推荐给他？如果消费者不要，你有店员应对的话术吗？当你熟悉这些东西的时候，你再“潜移默化”地传达给我们的店员。

（5）客情建设。每一次拜访，除了想收获订单，我们还要建立良好的客情关系。我们要学会赞美客户，要擅长找到话题，要给客户送点小礼物来润滑感情，光靠嘴是做不好业务的，时间长了，没有人愿意陪你玩的。我们也要和客户做好“利益分配”，没有利益，光谈感情的业务是做不大的，也是做不长的。我们要学会关注客户的生意，关心客户的家人，我们要擅长处理和客户之间的矛盾，有矛盾不可怕，处理好了，你和客户的关系立马升温，处理不好，恐怕你要和这个客户分道扬镳了。

（6）促销活动要做。客户做促销活动，重要的不是一天卖了多少货，而是你要通过一天的促销活动和店员及药店负责人建立良好的客情。你要知道，促销一个月只有一天，店员愿不愿意推荐你的产品才是产品起量的关键因素。

这六件事，不是说你非要按照这个思路机械化地做，顺序可以打乱，但是，你把这六件事做完再出药店的门。

一个“跑腿”的业务员是没有价值的，所以你的感觉是挣不到钱、累，体会不到OTC销售的乐趣。工作的技术含量很低，也容易被淘汰和被替换掉。

希望大家都能做专业的OTC销售人员，不要做“跑腿”的业务员，如果你发现自己是一个“跑腿”的业务员，就赶紧转变吧！

案例2　销售高手的谈判似乎都是在为客户着想

在OTC销售实战中，我经常看到两种业务员：一种是从自己的利益出发，给客户的感觉是你多拿一些货，我可以多挣不少提成，另一种是时时刻刻在谈判中，似乎是在为客户着想，为客户的生意着急，倒不是为了自己多挣钱。通常情况下，第二种的业务员的成功率高，既让客户爽了，也让自己挣到钱了，乐哉！

和智仁TC店的合作就出现了这一情况，我的××胶囊卖得不错，结果吕经理找到了一个品牌和价格都优于我的产品，不打算再购进我的这个产品了。

面对这样的情况，我跟吕经理说：“吕姐，我们的××胶囊在您店里卖了也快一年了，并且销量比较稳定，消费者的反馈也是比较好的，您现在突然完全不进货了，要是老消费者过来直接点药怎么办？

您说可以推荐新品，可是要是作为消费者，您是容易接受曾经用过并且效果比较好的产品还是接受一个从没有用过的产品容易？再加上，一年的销售时间，我们的药店店员已经形成了销售习惯，对于哪类病症用这个产品和产品摆放在哪里已经熟记于心。您这样替换，可能会对营业员的销售有影响，他们接受新的产品信息也是需要一段时间的。考虑到您药店的利益，当然您选择替代品肯定是有您的道理的，我建议还是少量购进我的产品，这样的话让营业员有个过渡期，您也不会因此流失消费者。您说，现在药店竞争压力这么大，因为一个产品流失一个客户真的不划算。”后来，吕经理继续补货。

动之以情，晓之以理。始终站在客户的角度去说动他们更能让人信服。只要产品还能够保留在店里，我们就还有打翻身仗的机会。

【借题发挥】

OTC 销售动销，你最不该忽视两个人

最近和一些 OTC 的朋友们聊天，大家讨论更多的是动销问题。就连控销“四大家族”的成员也提出了类似的问题——动销难。以前搞点活动还能压点货下去，日子好过。现在聪明的药店老板都自己做活动促销了，因为药店老板发现搞来搞去，压的还是自己的钱。那么动销的问题出在哪里？根据我个人的经验，我觉得问题出在忽视了两个人的感受，一个是消费者，另一个是店员。今天，我们就剖开聊一聊。

1. 你关心过消费者的感受吗

你真的以为送几枚鸡蛋消费者就会拼命地为了鸡蛋买药吗？哪怕有冲动的一回，下次他还会“上当”吗？还有那些非得买一盒你们家的药才送鸡蛋的，你们考虑过消费者的感受吗？这就是药店老板为什么要自己做满场活动的原因了，考虑消费者的感受。

你关联用药、联合用药，甚至叠加用药，只考虑多卖给消费者一些产品，但要结合消费者的感受来做。联合用药和关联用药的初衷是帮助客户更有效地解决病患还是为了多挣钱？如果是为了后者，那你推荐的产品多半会被拒绝或者难度变大，因为消费者能感觉到。

还有，你说你的产品是独家产品，甚至还有些搞个独家品种沾沾自喜的人，消费者会说一句“关我什么事”？你说你的药运用了什么高科技的工艺，消费者会说一句“关我什么事”？你说你的产品来源于什么经典名

方，消费者还是会说一句“关我什么事”？为什么？是我们的消费者都是文盲吗？不是，是你的落脚点没有落好。

你没有考虑消费者的感受，你说的话和他能理解的不在一个频道上，你所讲的东西，都不是和他最有关系的。他最关心的，他最需要解决的是他的真实需求。所以，你吃力还不讨好。

消费者进药店的真实需求是什么？解决治病的问题。消费者所关心的是以下几个问题：

（1）安全性。消费者可不愿意为了治疗这个疾病而导致其他的副作用或不良反应，有点“拆东墙补西墙”的味道，所以安全性是排在消费者需求第一位的。比如白云山的小柴胡颗粒就提出了“不伤肝的感冒药”。

（2）有效性。我常常这样举例。一个产品卖5毛，吃完之后和没吃一样。一个产品卖20元，吃完之后3分钟缓解病痛。你会选择哪个产品？你说消费者会选择哪个产品？消费者进药店，寻求健康上的帮助，他的第一出发点一定不是求便宜，而是希望产品能迅速缓解他的病症。

（3）服用的方便性。在前两个保证的情况下，消费者在选择产品上会考虑方便性。比如儿科的产品如果是水果味的更便于小孩服用，多选择颗粒剂、口服液减少了服药的困难性，而成年人多选择片剂和胶囊，他们觉得这样更方便。所以畅销的“二丁颗粒”提出“凉水也能冲开喝”的概念。服用的方便性还体现在一日服用的次数和一次服用的数量，当然是服用的次数和数量越少越好（当然这是建立在安全性和有效性之上的）。比如六味地黄胶囊和六味地黄软胶囊就从这方面出发，“以前吃一把，现在吃一粒”就是说的这一点。

（4）经济性。在考虑完以上因素之后，消费者才考虑的价格问题。因为谁都想以最小的代价换取最大的利益，所以消费者的这个想法是可以理解的。但是，我们也要帮消费者算细账，平摊到一天才花多少钱，让消费者容易接受。比如某保健品钙质品，单价很高，但是平摊到每天才2元钱，连一盒牛奶都买不到，这样消费者就更容易接受。

要关注消费者的感受，就是要求我们，在提炼产品的卖点、书写产品POP、一句话推荐、推荐产品的技巧时，最终的落脚点都要落到“安全、有效、便利、经济”这四条上。这四条才是跟消费者最有关系的，也是他们最关心的，这样才会对动销有帮助。记住一切从消费者的感受出发。

2. 你了解过店员的想法吗

整个中国的药品销售，医院处方销售和药房零售销售，几乎接近“八二开”。也就是说我国的药品，80% 的出自于医生的那支笔，20% 的出自于店员的那张嘴。

注意，不是药店老板，不是采购经理，是我们的店员，店员是对接消费者的最后一环。很多产品能不能推出去，就靠店员的那张嘴。因为消费者和药品之间本身有个信息差，所以消费者用药需要专业的推荐，专业的推荐就看店员的那张嘴怎么说。

所以，不要对待采购负责人客客气气，却不怎么关注店员。那些动销不好的企业，估计是没有真正关心店员，就惦记着搞定上层领导压货。

那么会有哪些因素影响店员推荐产品呢？有人一定一开始就说，“哪个提成高就卖哪个”，错，错得很离谱！如果真是那样，你们就不会为动销头疼了，给提成嘛，药店也不会头疼“品牌产品不挣钱，高毛产品卖不动”。那么该如何做呢，我来给大家讲讲。

（1）对产品的熟悉程度。我们营业员的整体水平都不算高，说实话，真正科班出身的还是不多，很多人都停留在“经验卖药”的层面上。就是说同样的病患，自己以前吃过什么药就推荐什么药，或者看别的店员怎么推荐，下次他就怎么推荐。

再说一个药店 3000 个到 5000 个品种不等，甚至更多，怎么才能熟悉你的产品？不论是销售代表平时拜访的一对一店员培训或者组织店员集中学习都是有效的措施。相信重复的力量，在拜访中多次重复产品的卖点和优势，营业员在潜移默化中就熟知了。但店员反对“学术化”的店员教育，因为他们听不懂，用不上，所以我们要尽量用店员听得懂的话去做店员培训。

（2）卖药获得的益处。这个益处包括高额的提成或者完成销售指标。也可能是你会发红包或者你的客情关系做得好，大家喜欢你，心甘情愿帮你卖。比如我就碰到过知名厂家的业务员把和药店的领导关系处理得很好，却不和店员打招呼，结果消费者来找 × × 宁，店员一句话，那个药就是打广告瞎吹牛，这个产品比××宁好得多，顺利拦截。

（3）产品的品牌，质量和疗效。品牌产品分两个方面，一个是电视广告产品，另一个是临床处方产品。不管怎么说，都一个共同点，好卖！都是消费者点着要。产品的质量和疗效，店员会通过熟客的反馈来判断。如果有人主动购买，或者二次购买中有店员推荐，消费者会第一时间接受。这样，店员会认为产品效果好，越推越带劲，因为这样做，会不断减少销售的阻力。

（4）产品的利润空间。一方面可能和店员的提成挂钩，另一方面，客单价高也可以帮助药店冲业绩。所以，从本质上来说，药店是希望单价高的产品好卖，因为更容易冲流水。

（5）产品的陈列位置及拿取的难易度。你不要奢想店员会愿意踮着脚拿药或者弯下腰来找药。陈列的重要性在这里我就不再复述，大家自己想想。

如果你能静下心来从消费者和店员的角度来考虑，解决动销问题的思路就会清晰多了。

OTC 产品滞销的“天灾人祸”

近日收到一些企业内训的邀请，在内训前的沟通中，出现最多的词汇就是“动销”，似乎都在寻求动销一招制敌的办法。我说我没有，因为在我的理念中，OTC 的产品动销是由多个因素组成的。促销活动只是其中的一部分，我们还有许多琐碎的工作要做。而这些琐碎的工作，恰恰与动销密切相连。我们今天从另外一个侧面来探讨 OTC 产品的滞销，从为什么会产生的角度来谈。

1. 天灾：把销售的整个环节剥离了

很多企业发现产品滞销，是在产品进场之后。发现产品不动销，去门店一问，店员说发红包就卖，不发红包就不卖，或者说是总部重点品种就卖，不是重点品种就不卖。你扭头回总部去谈重点和首推，总部一句话，能拿多少促销费或者促销资源？然后你就傻眼了，心想：你不是说底价给你，销售交给你吗？都底价供货了，哪里还有促销费？然后产品就不得善终了。

问题出在哪里？总结起来就是你剥离了销售的每个环节，没有从一定的高度来思考整个销售的环节，产品销售不是进场就完成了整个销售。再说明白点，你在谈判进场的时候，你只在考虑产品如何进场，而没有去思考产品进场后如何动销。所以为了进场，你一味地满足客户的进场费和进场扣率，你总是指望着以满足客户“首推”的扣率进场，然后坐在家里数钱。试想，当你把产品的销售命运交到别人（连锁药店）手上的时候，你还能过的滋润吗？

你只顾自己谈判省事，尽快进场，不考虑以后，这就是剥离了销售环节。如果每次开发客户时，你都要对客户做好全面的调查，对症下药，开发与动销全部都设计好方案，考虑进场后滞销要采取哪些手段应对，当你再面对产品滞销时，还会束手无策吗？

还是我常说的那句话，OTC 销售不是坐等其成也不是水到渠成，而是精心谋划的结果。不想产品滞销，进场前的调查和进场谈判时就请你设计好方案。

2. 人祸：进场后的“五不管”

（1）公司不管——业务员管理机制问题。

公司对业务员的工作缺乏管理，从公司的层面来说，没有制定有效的考核体系来跟进产品进场后的动销追踪，而我们业务员的现状多半是考核什么，就做什么，考核的内容与动销无关，所以产品就滞销了。

（2）业务员不管——不愿意跑。

当业务员不想跑的时候，你就什么也别想要了。只有业务员跑店，才有可能发现销售的隐患，才有可能找到动销的机会点，才有可能建立客情关系为长期动销做铺垫，才有可能做终端陈列、店员教育、消费者教育等细节性的工作。总之，业务员不跑店，产品滞销那就是活该！

（3）药店不管——代销和无人管。

代销一定情况下也为滞销埋下了伏笔。只要客户没有给你结货款，产品就永远还是你的，客户就不会把你的产品放在心上。因为他们总是有退路可以走，所以我们要谨慎采用“代销”的方式铺货，光有铺货没有动销，铺了也白铺。要是你的业务员再不跑，那就更惨了，药店就根本想不起要去销售你的产品。也许等你去清场，客户来一句，有你们的产品吗？

（4）店员不管——没有动力和压力。

店员不把你的产品放在心上，是产品滞销的关键因素，也是最直接的因素。要想产品动销，店员卖药的动力和压力至少得解决一个，如果不能解决，那就休想产品上量。要不然你就眼睁睁地看着你的产品落满灰尘吧。

（5）消费者不管——没有购买的欲望。

没有很好的针对消费者的促销活动，或者没有考虑消费者的利益和诉求点，自以为自己是独家产品、是中药保护品种是没有用的。因为消费者没有购买的欲望，或者没有接受这个产品的想法，这也是产品滞销的一个重要因素。

在当今规范化操作和专业化推广的趋势下，我们关注产品的时候，更要关心我们的营销服务。我们要站在全局的高度和角度来思考 OTC 销售，如果还是按照以前那样销售活动，走到哪一步想到哪一步，那么在这个大环境下，你会越走越难、越走越苦恼。

第三十一计

美人计

【原典】兵强者，攻其将；将智者，伐其情。将弱兵颓，其势自萎。利用御寇，顺相保也。

【释义】对拥有强大兵力的敌人，应当攻击他的将帅，对拥有智谋的将帅，应当打击他的情绪。将帅被打倒了，士兵也就颓废了，士气自然就萎靡不振。利用敌方缺点，以己方优势相攻，自然能够保全自己。

【OTC 销售浅解】在 OTC 销售中用到此计，主要体现在我们在销售中的两个方面：

一是要注意时刻保持自己的职业形象，不要求咱们搞 OTC 销售的是帅哥美女，但是要有良好的职业形象和气质。

二是要学会赞美客户，在无声无息处赞美客户。聪明的销售人员总是擅长赞美客户，而愚昧的销售人员总是喜欢和客户据理力争，通常是赢了嘴巴，输了生意。

【销售案例】

案例 1　每个小的细节，客户都看在眼里

很多销售人员不注重自己的形象，觉得做销售的就应该大大咧咧、豪放。于是，他们甚至觉得穿九分裤和拖鞋去找客户谈生意，自以为大家很熟，客户不在意这些。

其实，客户很在意这些。你见过哪个连锁药店的采购、单体药店的老板、个体诊所的大夫是以这种形象接待你的？你再思考一下，那些卖保险、卖房子、卖车子、卖黄金的销售人员，哪个不是穿着工装，站立得笔直的。不管是第一次见面还是老熟人，大家都希望和一个有职业形象的人交流。尤其是初次见面，大家彼此没有更深的了解，客户对你的认识就是对你的第一形象。所以，我在内训课上经常开玩笑说：“你们要是每天穿西装扎领带，穿皮鞋跑 OTC 销售，你的业绩将提高 30%。”

最深的体会是一次拜访 PA 连锁的陈总，本来是老熟人的，所以在形象和语言上也就随意了很多。有一次拜访，没有注意好自己的形象，陈总直接说道：“鄢总最近咋啦，胡子也不刮，搞得像老了几十岁啊，玩沧桑啊。”虽然是笑着说的，但是我感觉到客户其实很在意外表的。后来递上

一根19元一包的黄鹤楼，陈总接过烟开玩笑地说："不仅是胡子长了，抽烟的档次也下来了哈。以前都是45的队伍，现在变成19啦!"我也开玩笑地说道："这不，现在药的生意不好做啊，还望陈总多多帮忙，要不然小兄弟的日子不好过啊!"当然，当天的谈判不太愉快，我自然也没有多谈，草草收场了，准备着下次沟通。

这件事发生后，给我的感触非常深。你的一举一动其实客户都看在眼里，只是他愿不愿意跟你说而已。我们时刻都要以最好、最职业的形象展现在客户的面前，不管我们今天开不开心，不管我们今天有多忙，都要以最开心的心态和最职业的装扮来面对客户，这样才不会损害我们在客户心目中的形象。

案例2　赞美，让客户舒服，让生意好做

聪明的业务员总是爱赞美客户，而愚昧的业务员总是爱反驳客户。赞美的往往最后赢得了生意，而反驳的人最后赢了嘴而输了生意。我常常在内训课里讲到，自己都希望得到别人赞美，何况你的客户？所以多赞美一些你的客户，为自己赢得更多的生意。

开发GXT大药房是我用赞美赢得生意的最好案例。

在第一次拜访这个药店时没有碰到蒋总，我在店里多待了一段时间，将观察到的一些细节，全部记在了心里。

第二天与蒋总预约谈业务。见到蒋总的第一句话，我就开口道："蒋总，我一定要和您合作，您这个药店太有特点了。有四大我必须和您合作的原因：

第一，您的药店是我见到为数不多有特点的药店。您的药店里有电视机不断播放厂家产品的广告，表面上是给消费者看，实际上是让我们的店员熟记于心。

第二，您的店员非常热情，卖药很专业。昨天目睹她们卖药的风采让人很佩服。

第三，我看了一下您的药店陈列清晰、干净整齐、整洁明亮，显得非

常专业。

第四，昨天看了您的朋友圈，看您转了很多中国药店的文章，说明您是一个爱学习的药店老板。

基于这几点，我想我们的合作会非常愉快！”

蒋总听得津津有味，不断点头，等我讲完，说道：“小伙子，观察的不错，过奖了，来咱们谈谈合作！”一听到这句话，我就知道合作有希望，赞美到他心里去了。果然，后面的谈判非常顺利。

我在培训课上会要求学员写出20句赞美客户的话，并且要求熟记于心，自然表达。很多人说，鄢老师，那些话显得好假，开不了口。我说：“你开不了口，不是话太假，是没有掌握，不能脱口而出。作为我们这些老业务，说这些赞美的话，绝对不是临场发挥的，都是脱口而出。”所以，大家要多加练习，直到能够脱口而出为止。

【借题发挥】

赞美客户和送礼的实用话术

在讲具体的话术之前，我还是告诉大家“赞美”客户的方法。

1. 熟悉不同群体的偏好

不同的群体有不同的偏好，对于老人或者领导，我们要赞扬他们辉煌的过去。对于年轻的男人，我们要赞美他们有上进心、有责任心。对于年轻的女人，我们要赞美她们美丽。对于老板、职业经理人，我们要赞美他们对企业尽心尽力，为公司员工着想。

2. 赞美行为而不是个人

直接赞美一个人，显得非常虚假，客户不仅不开心，反而反感。你如果说：“鄢老师，你是国内讲OTC实战最好的老师。”这个就显得有点过了。如果你说：“鄢老师，你的OTC实战课程讲得真棒，我希望还能听到你的课程！”这样讲，我就非常开心了。

3. 通过第三方来表达

有的时候你直接赞美客户，客户有可能觉得你是有目的而来的，所以你的赞美也会显得虚情假意。如果借助第三方之口来说，客户就更容易接受。比如，“鄢老师，听××企业的总监张总说，您的课非常实战，值得OTC企业的销售人员来听。”这样表达就显得好多了。

4. 有欣赏对手的雅量

有的时候，客户会提到我们的竞争对手，有可能他还和我们的竞争对手保持着良好的客情。这时我们就不要轻易打击竞争对手，因为你在打击竞争对手的时候，也在说明我们的客户“眼拙”。这个时候，我们就要拿出欣赏对手的度量，“××药业确实在这些方面做得不错，但是我觉得在有些方面做的还是有所欠缺，比如……”这样一表达，就显示出你的度量了。

5. 要适度，要真诚

虽然我们说，赞美是我们增进客情关系的一把“利剑”，但是我们也要把握好度，保持一颗真诚的心，如果让客户感觉到了你的虚情假意，比你不赞美更糟糕。如何让一切显得真诚，自然，那么就用我曾经用过的最笨的办法，把赞美客户的语言写下来，背诵下来，只有记在心里的东西，才能够脱口而出。

赞美语言：

(1) 发型。万主任，您修的发型太适合你了，看上去很精干，气质很高雅，再看看我的发型发质，比您差远了。

(2) 服装。王主任，您今天穿的裙子款式和颜色搭配的真好，很专业，能不能教教我啊？

(3) 医术。朱主任，我听张阿姨说，您医术高超，看病认真负责，对待病人和蔼可亲，所以您的病人特别多。

(4) 芒果：我朋友去泰国玩，带回来两个芒果，我第一个想到的就是给朱主任您尝尝。在炎热的夏季，吃这种水果有助您清肠胃、美化肌肤。

(5) 倪主任您好，通过这几天的拜访，感觉您很有内涵。您在医院有着不可取代的位置，如果能和您合作将是我一生的荣幸。

(6) 葛主任您的穿着一直很时尚，特别是今天这条白色的腰带配在这套紫色的套裙上，显得非常雅致。

(7) 您爽朗的笑声证明您是个乐天派，您肯定会健康长寿。

(8) 您真是一位伟大而慈祥的母亲。

(9) 您真是一位家庭、事业有成的人，非常令人羡慕。

（10）您的眼睛水灵灵的，充满了智慧。

（11）您的皮肤真好啊！

（12）您的笑容很温柔。

（13）您的身材可真好呀！

（14）今天您的气色不错哦！

（15）副院长，您一天能工作十六小时，真的很了不起。我送您一盒碟片，让您在工作累的时候可以缓解一下疲劳。

（16）李姐，您这一手字可真漂亮，我可真羡慕。

（17）王院长，您的办公室真气派，宽敞明亮。我去过别家的，可都比不上您的！

（18）您女儿长的可真是和您一个模子出来的。您看这眼睛，又大又黑，看着跟会说话似的。

（19）您这车是奔驰最新款的S350吧？很适合您开，很有品位。

（20）李主任，您皮肤看起来很光滑，白里透红，看样子怎么都不相信您孩子都上大学了，有什么保养的秘诀要教教我，怎么样啊？我正好学点回去告诉我老婆。

（21）张院长，听说您又发表了一篇关于医疗改革的新论文啊。我们公司要把您这篇论文放到我们公司的月刊第一页，让全公司的人都学习。

（22）吴老，听君一席话，胜读十年书。和您谈话真能学到东西，以后要经常拜访您，好好提高下我自己。

（23）王师傅，刚才看您卖药太有水平了！这样联合用药不仅增加了客单价，最重要的能让患者快速解决病患！

送小礼品：

（1）第二次拜访：给倪主任带一盒高科技循环过滤烟嘴。

倪主任，我看您比较喜欢抽烟，今天我特意给您带了一盒高科技循环过滤烟嘴，可以减少尼古丁对人体的伤害。您的健康是您家人和所有患者的福音，您说呢？

（2）王主任，这是我朋友从海南带回来的山竹。山竹有水果王后之称，在炎热的夏季，吃这种水果有助您消火压热。王主任，保持健康最重要，病人都盼着您呢！

（3）在曼谷，番石榴也称为曼谷苹果，营养丰富，所含维生素C比同量的柑橘多五至十倍。味似枣子，吃起来甜脆，表皮部分可作避臭味之用。

（4）铁观音：吴医生，铁观音能醒酒，平衡血糖，美容减肥抗衰老！

（5）铁观音：张老，听说您血糖有点高，又喜欢喝茶，我这次给您带来一些铁观音，喝茶的时候又防治了血糖高，多好啊！

（6）云南白药牙膏：黄总，您的牙龈有点小病，要及时治疗哦，公司几百号人都指望着您呢！

（7）今个给你带了点泰国的山竹，这可是个好东西啊。它富含丰富的维生素、氨基酸及多种微量元素，对皮肤有很好的美容作用哦。

（8）赵姐，听说美国大樱桃含有丰富的维生素 C、磷、铁、钙、酒石酸等物质，被誉为“果中珍品”。我买了些美国大樱桃给您，既补充营养又养颜。

（9）我送您一条做工考究的项链。黄科长，这条项链将您的气质衬托的高雅而富有内涵。

（10）所以就送您一套玫瑰和薰衣草的香薰，玫瑰的可以美容，薰衣草的可以助睡眠。女人睡得好皮肤才会好，女孩子都希望自己皮肤好，这样才会美美的，别人看到后会说王店长您真漂亮。

（11）送给你的小礼物是葡萄，葡萄可以美白皮肤，使你的皮肤更加细嫩，配上你的笑容更加迷人！

（12）核桃仁：张主任，我最喜欢的就是您这头漂亮长发了。平时工作忙碌，可要注意保护身体，我给您带来些核桃仁，是我一个朋友家乡的特产。您闲下来当零食吃吃，还能补充体力、护发，我可是希望每回来拜访您都能看见您又黑又有光泽的长发。

（13）李姐，上回来拜访您，正好碰到您常用的那支笔坏了，我就留心了。正好我有一支一模一样的，还是新的，给您带来了，您用着看看合不合适？

（14）一盆仙人掌：王经理啊，您这一天工作得有 10 个小时在电脑前面吧？我给您带来盆仙人掌，据说能减少电脑辐射。

（15）儿童故事书：赵总，前几天来拜访您，看见您漂亮的女儿在看故事书，小丫头认识不少字了呀！我这有本儿童故事集，内容挺丰富的，小丫头应该会喜欢。

（16）车载香水：孙总，前几天来拜访您，在您办公室看见有茉莉味道的空气清新剂．这个味道我也喜欢呢，淡雅又含蓄的，我给您带来瓶一样味道的车载香水，希望您喜欢。

（17）送您一只小小的按摩器，能让您清除疲劳。您不能太累了啊，您可是全院的顶梁柱啊！

（18）对内向的主管副院长："朱院长，您女儿童童真聪明，两岁能认识这么多字，真了不得，这样的小孩很少见哦！送给童童一本安徒生童话，我相信童童这么聪明，长大之后一定能很优秀！"

（19）张主任，您给人的感觉很有学问哦！送您一支笔，希望这支笔能帮您勾出更多更精彩的语句。

（20）我给您带来一盒西湖龙井，这个茶能提神清心、清热解暑。虽然病人很多，可是您也要注意休息啊，再忙也要注意自己的身体啊！

（21）刘阿姨，您今天做的菜真好吃。我今天一下吃了三碗饭，您简直是个大厨师。

（22）刘阿姨，这个靠垫送给您，您平常坐着的时候可以垫在腰后面，预防和改善腰椎不适，防止腰痛！

在这里我要提醒一下，你送礼时说的话，远比礼物重要的多。所以，送礼之前，你先想好怎么开口说话。

第三十二计

空城计

【原典】虚者虚之，疑中生疑；刚柔之际，奇而复奇。

【释义】空虚的就让他空虚，使他在疑惑中更产生疑惑。敌我交会，相战，可产生奇妙的功效。

【OTC销售浅解】在OTC销售中用到此计，主要体现在我们在销售中要学会包装自己或者把自己的产品包装得让人感觉非常畅销来扩大声势。尤其是我们对自己的产品要有100%的信心！比如，新入行的销售代表要苦练基本功，让自己显得专业，不要连一些基本的专用词都不懂，显得自己很业余。在销售中，故意制造我们产品畅销的假象，给客户以合作的信心，加速成交。

【销售案例】

案例1　不专业的销售容易丢掉的生意

其实很多新人刚加入OTC销售的大军中来，他们的脑海里就是一个“空城”，对整个医药行业的情况不是特别的明白，对OTC销售的专业术语也不是特别清楚，对自己的产品、公司的销售政策和销售模式都不是很了解。而这些需要准备的东西体现出的却是你的销售专业性。俗话说，专业的人做专业的事，当然你的客户也愿意和专业的人合作。

在WNK大药房结款时，我就碰到了这样一个真实的案例。当时还是控销企业“四大家族”的某事业部的新业务员谈业务，一上来就给采购经理罗姐递上了一张印有产品目录的A4纸，罗姐一句：“你们的产品太贵了！”业务员立马反应过来，又递上一张彩页，说道：“我们有个进1000盒送1000盒的活动。”

然后罗姐说：“你给我解释解释。”小伙子结结巴巴说了半天，罗姐说：“搞了半天，你让我进不好卖的货送畅销的货，最后畅销的货卖完了，又要进你的货。”业务员这个时候已经不知道怎么回答了。罗姐说：“这个产品不错，你把外包装盒拿来我看看。”业务员说没有带。罗姐又说：“你把产品彩页给我看一下。”业务员说这个是最近上的产品，产品彩页是老册子，目前还没有将这个产品印刷上。罗姐又问有照片吗？小伙子说没有。罗姐说，好吧，有需要的时候再联系你。业务员就这样被打发走了。

后来，罗姐跟我聊到："这种业务员你们是怎么留下来做业务的。好不容易有个感兴趣的产品，想进一步了解一下产品，要这也没有，要那也没有，到底有什么？这样的业务怎么谈，生意怎么做？"

反思这个案例，我们一定要吸取教训。一些简单的物料准备是我们谈业务获胜的关键，一定要放在背包里的。不要觉得没有用，万一要用你没有，生意就没有了。并且第一印象非常重要，一旦留下不好的印象，后续想翻盘，机会也比较渺茫了。

案例2　神秘的电话

在销售中，我通常用一些神秘电话来给销售谈判添柴加火，下面就来和大家分享一个这样的案例。

在开发 WHQ 诊所的谈判过程中，第一次因为诊所觉得我们的产品零售价太贵，而没有合作成功。眼看着第二次的谈判又进行半个小时了，我的说辞还是得不到客户的认可，但是这个诊所的生意非常好，放弃实在太可惜。

这个时候，突然一个合作诊所的胡大夫来电话了，我示意接个电话，胡大夫说要 50 盒 × × 片，我大声说道："胡大夫，您这次多报点计划。上个月您那里 × × 片一共销售了 100 盒，我送了两次货。这次您就直接一次报 100 盒算啦，免得麻烦您老报货，我也减少送货的次数，反正畅销，您又不愁卖。这个产品卖的太好，到时候断货了，还影响您诊所的销售！"说完之后，胡大夫答应了。

听到我大声说的这一切，王大夫突然眼里放光，说："哪个诊所啊，× × 片卖这么好？"我说："× × 区的诊所胡大夫，最开始和您一样，对产品的销售前景不太看好，但是他抱着试试的态度做了这个产品，没想到一下子卖火了，您看现在都是整百的报计划了。"王大夫这一问，我就知道有希望了。接下来，也顺利合作上了。

通过这件事情之后，我把这个方法"发扬光大"了。每当我要去谈那些难搞的客户的时候，进店之前，我就和其他区域的业务员打电话，让他过20分钟后，假装客户要货跟我打电话。后来发现效果非常好，这个办法不妨你也可以试一试。

【借题发挥】

跑店之前，我们要做好哪些准备

俗话说："磨刀不误砍柴工。"似乎是人人都懂的道理，可是仍旧很多人在犯错。很多人不打有准备的仗，因为准备不充分而在战场上纷纷倒下。

不信，你看身边是不是有这样的人或者公司：第一种，没有给新业务员做任何培训，划一片区域，给个彩页和价目表让他去跑，结果三天"死"或者长点一周"死"；第二种，业务员走进药店，老板要包装盒，没有，要产品彩页，没有，问销售政策，说不清，问动销方案，我们就是价格低。

那么跑店之前，我们应该做好哪些准备呢？

1. 产品知识储备

产品知识储备包括两方面的内容：一是自己的产品，二是竞品。

有人会说："鄢总，我们公司100个产品都记下来，困难啊！"先不要求你记那么多，至少先得把核心产品或者重点推广的产品记下来。有人说，我们公司没有核心产品和重点产品。没事儿，赶紧换公司。

记什么内容？首先基础的东西，把说明书的功能主治、规格、注意事项先一字不漏地背下来。然后记住三点核心产品知识，根据公司的产品PPT能收放自如地讲产品知识。1分钟，10分钟，30分钟都能讲。其次，记住产品的供货价、零售价。

竞品我们要了解产品的名称、规格、进货价、零售价、销售政策、有无团队维护、销售团队的规模、销售人员的业务水平、零售终端对竞品及其业务员服务的看法，分析我们的产品与竞品的不同。可以从组方、功能主治、治疗机理、制造工艺、剂型、服药的方便性、价格等方面来挖掘。有人说，竞品都一样，那就从人的方面来挖掘，挖掘你的服务比竞品好。

2. 熟知销售政策，销售流程，财务政策

熟知销售政策。进多少返多少，这个一定要熟记于心，不要用“大概、可能、应该是”这些词去回答客户。客户会不放心的，怕你给他的不是最优政策。客户一怕吃亏，生意就谈不下去，所以公司的销售政策一定要熟记于心，脱口而出。

销售流程。客户从哪里进货，一定要说清楚。直接从商业公司调货，那么你要说清楚进货价，进货渠道有哪些，免得客户东找西找。如果你是厂家直供，那么要收客户的证照和一系列的购销合同、质量保证协议等，根据公司质管部的要求，一个都不能少。如果你实在记不住，请把它记在你的笔记本的第一页，一个一个核对。见惯了那些收个资料不是差几张，就是收回来过期证照，要不就是没有盖鲜章的情况。

财务政策。连锁药店和单店最大的授信额度是多少，怎么结算货款，结算的流程是什么样的，能不能承兑还是只要现金，都要搞得一清二楚。谈业务的时候也要谈清楚，不要为后来收款埋下障碍。退换货怎么处理，也是很重要的内容，不要因为处理退换货的问题导致客户反感，甚至客户的流失。

3. 准备好物料，销售道具

物料就不说了，比如名片、产品彩页、产品样品、产品包装盒、说明书等。另外，还有些公司要求张贴的 POP、爆炸贴等。生动化陈列需要的一些东西，我就不废话啦，都该带好，不要等用的时候又没有。

销售道具。每次提到这个词，大家总爱笑，搞个销售跟拍电影似的，还要有销售道具。那么销售道具有哪些？比如别的药店的订单，商业公司的产品流向，别的药店的有些陈列或者大型活动的图片资料、录像资料等。

如果你包里没有这些东西，就想凭一张嘴把东西卖出去，只能说，你准备“受死”吧。

4. 动销方案和销售话术

动销方案是你准备如何让药店挣到钱，没有这个动销方案，你只会惨死在“价格纠结”中。动销方案，如何画饼，并且让这个饼成真，能落实到行动中，这是能否让采购方认同的关键。带着方案去谈业务，让你事半功倍。

销售话术，背下来。不要和80%的业务员一样，一张口就那么令人讨厌！要不然被老板一句“今天你过来干吗”直接问傻了。

5. 个人形象和心态准备

人与人的第一次交流，尤其是陌生拜访，多半是以第一印象为主。不是要求你长得多么漂亮，至少要把自己打扮得“职业”一些。

你自己看看那些搞房产销售的、汽车销售的、黄金珠宝销售的、保险销售的每天职业装。所以把自己收拾得干干净净，穿着大方得体，是我们医药销售代表应该具备的职业形象。从今天开始，记住“为成功而着装，为胜利而打扮”。

心态上我们也要做好调整。很多人在拜访新客户或者老客户的过程中，害怕别人拒绝或者出现尴尬的场面。其实这些都是再正常不过的事情了，我们要用乐观的心态来看待。如果我们把每一次的拒绝和尴尬都放在心上，那么我们的业务还没有做好，自己的内心就已崩溃。因为对于我们做销售的来说，拒绝是家常便饭，所以大家要拥有一个良好的心态。

经常有人说害怕拒绝，我会这么说：你被客户拒绝，只有客户和店员知道。

你害怕拒绝无非以下几个因素：第一，你对你的产品不精通，你没有办法从你的产品上获得信心。第二，你经历了太多的“拒绝”，可是你没有找到解决的办法，也没有向别人请教，你害怕再次拒绝。第三，你的要求太高，总想一次把事情搞定。如果你今天进店的目的就是看药店老板在不在，药店老板是男是女，你还害怕拒绝、害怕进店吗？

第三十三计

反间计

【原典】疑中之疑。比之自内，不自失也。

【释义】在疑阵中再布疑阵，能使来自敌内部的间谍归顺于我，便不会导致失败。

【OTC销售浅解】在OTC销售中用到此计，主要体现为我们在销售中：

一方面，要学会“诱导”客户跟我们合作。比如让他看看别的客户跟我们合作获得了哪些利益，用实际的销售案例来激发他想跟我们合作的意向。

另一方面，就是要诱导店员来卖我们的货。我相信每个做药品销售的人都知道，把药卖给客户才是工作的开始。

怎么把产品卖给消费者，形成动销才是难上加难的事情，也是我们和客户能够长久合作的基石。

【销售案例】

案例1　无意的事情带来大生意

有的时候，一件无意的事情，却给我们带来很大的销售启发，因为有很多的销售道具，我们没有在销售中发挥出来它的功效。

小蓝一直是我们公司比较优秀的业务员，但是年初家里突然发生大事，要回去一段时间。由于他还要回来上班，所以他的客户没办法移交给老业务员，也没有办法招聘新的业务员来顶替他的岗位，可是客户也不能怠慢，因为将近两个月的时间没人拜访，不仅给客户添加了麻烦，使客户报计划找不到人，更是让公司的声誉受到损害。

于是，我准备接手这些客户代管一段时间，就把小蓝近三个月的销售流向打印出来。客户一家一家地查看，然后品种一个一个地对，一方面是把畅销缺货的产品补充起来，另一方面也是看有没有滞销的产品，想办法让它动销起来，免得增加日后工作的麻烦。

在拜访智仁大药房的时候，发生了这样一件事：

我：“吕姐您好，我是××药业的区域负责人鄢圣安，由于业务员小蓝家里有事，回家处理需要一段时间，所以您这边的业务由我暂时管理。”

吕姐："可以，没有问题，你留个电话给我，有需要我给你打电话。"

我："好的吕姐。由于我对您店里之前销售的产品不是特别熟悉，我把近三个月的流向打出来了，看有没有需要补充的产品或者滞销的产品，我来给您想想办法！"

吕姐："好的，你给我看看。"

我："好的。"（递上了流向表）

吕姐看完自己店的产品流向之后，开始问其他客户的流向。

吕姐："你们的 A 产品卖得蛮好吗？为什么别的客户那里一个月都 50 盒地拿货？"

我："是的，他们那里卖得不错，小蓝的客户里还不是卖得最好的，我们卖的最好的是 KSM 大药房，现在一个月有将近 100 盒的纯销。"

吕姐："哦，看样子是不错，给我也报 20 盒吧，我卖了看看。还有这个 B 产品，我看好多药房也有拿货，你给我来点，先报 20 盒吧，还有 C 产品……"

这样一下子，在我没有任何推荐的情况下，一下子补充了五个产品进去，让我受宠若惊。

出了药店，我回忆这个药店的跑店情况，感触颇深，没想到一张简单的流向表，能让我这么轻松赢得订单。所以，在后面的交接药店中，我都主动提出来，让药店负责人看看其他店卖得好的产品，他们店有没有需要的，都取得了不错的效果。

案例 2　让店员成为你的"卧底"

如今药品的零售市场达到 1.5 万亿元，80% 的销量来自于医生的那支笔，20% 的销量来自店员的那张嘴。

营业员作为药店销售药品的最后一个环节，又作为解决消费者需求和药品信息差的一个重要角色，所以在 OTC 销售中起关键作用。如何让店员的那张嘴开口推荐你的产品而不是竞品，直接影响着你的产品在这个药店的销量。

起初和爱心大药房的合作一直停留在一个月 1000 多元的底价销售，因为每次拜访都是老板在的时候才过去，和店员的交集比较少。再加上这个销量，我还是勉强可以接受，所以也没有做太大的改变。

有一天拜访的时候，碰巧老板不在，就和店员聊了起来。有个店员就说，卖你们的产品要是有红包的话，销售会更好。听到他说这句话的时候，我有兴趣了，再加上我想试试红包的魅力究竟有多大，所以我欣然答应。

互加微信，以后只要有销售，把销售小票传到微信，我就及时发送红包。果然，每天都会收到销售单，我也按承诺发放。后来听他们老板说，明明是把阿奇霉素分散片作为首推的，可是因为我的红包，所以我的阿奇霉素胶囊销量更好。他们给老板的理由是：分散片崩解太快，消费者觉得太苦，不敢卖了，所以胶囊卖得好点。这个回答，让我出乎预料，原来红包的魅力这么大！

虽然有的时候红包能带来销售，但是有的时候，红包的效果也不一定好，甚至会让你的产品出现退场的严重后果。

所以，如何给店员发红包，我想给大家一点建议，仅供大家参考：

（1）能找一个店员的时候尽量找一个店员。因为发红包扰乱了连锁药店或者单体药店的管理，会降低药房管理者的管理效果。再加上人多嘴杂，店员之间存在竞争，又因为发红包会留下证据，所以搞得不好就会被店员或者竞品的业务员投诉到连锁总部，那么你的产品有可能被剔除。

（2）不要用红包代替跑店。很多人发红包之后就忽视跑店，好像有红包就不愁销了。但是，你想他能问你要红包，就能向其他厂家要。如果你不露脸，你的拜访跟不上，就有可能被干掉。

（3）不要在只有销售单据的时候才有红包。很多人建群发红包，有销售单据的时候，你发个红包有动静，很多时候就潜水，销声匿迹。我在这里给大家一个建议，建群发红包，每天早上 8 点半，发 3 元钱让大家抢，你会有意想不到的收获。因为，形成销售习惯之后，每到这个点，店员就会想到你一次，你想你的产品销售还会差吗？不信，你试试看。

【借题发挥】

销售道具在 OTC 销售中的运用

我经常在公开课和内训课谈到“销售道具”，会用销售道具的人，会让自己的谈判事半功倍。用过销售道具的人，他们才知道销售道具的威力究竟有多大。那么，接下来我就和大家聊聊有哪些销售道具我们可以用。

1. 着装

这是我跟大家第一个谈到的道具，很多人总是忽略这个问题，觉得跑OTC终端的，都是比较低端的，没有必要整得西装革履的。有这种想法的人大错特错，第一次见面，大家彼此不熟悉，能够了解你的就只有你的着装和谈吐。客户的第一印象是最难改变的，一旦你给客户留下了不好的印象，想做成生意就难上加难。

所以，在这里我希望大家在做业务的过程中，尽量显得职业一些，千万不要因为觉得跟客户比较熟悉了，就放低自己着装的要求。另外，一定要配一些合理的饰品，比如手表、手串、手链、品牌手机等。这些物件一方面可以增加你的自信心，另一方面，也可以增加客户对你的信任感。

2. 名片

谈到这里，我想先问你一句话，你有名片吗？有人说现在通讯很发达了，用手机记下就好了，那么我想问你，要是客户给你座机号你怎么办？要是老板不在店里，店员要你留下彩页，你是不是直接把电话号码写在彩页上？

一张比较好的名片，其实也代表着你的个人形象和公司的形象。给予客户名片显示了你对客户的尊重，也能让客户更加信任你。连一张名片都没有，让我拿什么相信你，甚至都不知道你还能干多久，怎么跟你合作。

但是在这里我也要提醒一下，关于名片上的职位，大家尽量不要夸大。有些人一上来，明明是个业务员，非要印个销售经理。结果客户一看，什么破公司，销售经理都是这么样的水平，一下子对公司失去了信心。

所以，大家千万不要小瞧了名片，用好它可是能带来不一样的收获。

3. 产品彩页

有人说产品彩页不是每个厂家和医药公司都有吗？对，没有错，如果你的产品彩页只是简单罗列了一下产品的基本信息，比如品名、品规、功能主治、服用方法等基本信息，那么这样的产品彩页多是没有什么用的，垫垫桌子还差不多，也许药店连桌子都不垫，直接丢入垃圾桶。

好的产品彩页应该包括公司荣誉、团队建设照片、客户答谢活动照片、优秀陈列照片、优质客户门店照片、店员教育活动照片、促销活动照片等。

内容除了产品基本知识以外应该还包括“三大卖点”和“联合用药”的项目。联合用药里能关联到自己的产品最好，不能就和品牌产品绑在一起推广。有这些图片作开头，一是让客户信任公司，二是告诉客户，接下来，我承诺的最终都是可以实现的。另外，联合用药也是药店最需要的，他们也可以把这本产品彩页作为学习资料。

4. 销售流向，销售订单

谈业务中，经常会碰到客户这样的质疑：“你们产品真的好卖吗？”很多销售人员的回答：“是的，真的很畅销。”然后客户说你吹牛。但是，试想这个时候，你要是拿出销售流向或者销售订单出来给客户看，这种信任不比你口述的有说服力？

所以，我们包里一定要带上销售合同或者销售流向，在客户发出这样疑虑的时候拿出来给他们看。

5. 样品或者样品盒

带这些东西的作用是什么呢？一是做对比用，我们经常会说，我们的产品比竞品好，口服液比竞品更清澈，达到注射的级别，颗粒剂比竞品溶解得更快，等等。如果这个时候，你拿出你的产品和竞品直接做现场试验，是不是更具说服力、更直观、更震撼？

很多人不愿意带样品盒，但是我告诉你，专业的采购经理是一定会看包装盒的，因为包装有可能就直接决定着产品的销售。

另外，销售中你们经常会碰到，自己一个人在介绍产品，结果采购负责人根本没有听，他在做自己的事情，比如玩手机、电脑等。但是，如果有样品盒让他拿在手上，然后你一一介绍，我想他做别的事情的概率会大大减少吧？

6. 活动照片和视频

终端动销成为很多产品合作的一个前提。要是光嘴说，大家都会说，我能够帮助咱们药店搞店员培训，我能够帮助咱们药店搞促销活动，我能够帮助咱们药店搞陈列等。但是，我们总是不能拿出视觉化的东西，不能给客户直观的感受，就让我们的相互信任打了折扣。

试想一下，如果你的谈判是这样：“我们帮助做陈列，您看，这是×

×连锁药房的陈列照片，我们要求所有的药店陈列都要达到这个标准。这是我们帮助药店搞促销活动场景，这是照片，这个是我们现场拍的视频，这个是我们给××连锁药房做店员培训的照片，您看看。所有跟您承诺的东西，都是可以实现的。”这么来谈判，成功率是不是会更高一些呢？

7. 动销方案

有业务员经常会问我：“鄢总，为啥你谈业务的成功率高？”我说：“你们是靠嘴谈业务，而我是靠纸谈业务。”

很多业务员总是光带着嘴去谈，说跟他们厂家合作后，会带来一系列的服务，等等。而我一般是拿出一张 A4 纸说：“张总，您看这是我和××连锁合作的动销方案协议，现在每个月的纯销已经达到了 N 万元。只要咱们合作，按照我这个方案的步骤深入合作。我不说大话，一定也能做出不错的业绩，您看，我们第一步是……”

这样具体来谈，不比你“空手无凭”要有理有据的多？

这里我跟大家列举了一些常用的销售道具，当然实际谈判中的道具远远不止这些，希望大家能把这些基础的东西用到实际销售中，为大家的实际工作带来帮助。

第三十四计

苦肉计

【原典】人不自害，受害必真；假真真假，间以得行。童蒙之吉，顺以巽也。

【释义】通常情况下，人是不会自我伤害的，若他受害必然是真情。（利用这种常理）我则以假作真，以真作假，那么离间计就可实行了。抓住敌人“幼稚朴素”的心理进行欺骗，就能顺着他的弱点达到目的。

【OTC 销售浅解】在 OTC 销售中用到此计，主要体现为我们在销售中：第一要利用“人心都是肉长的”这一简单的人性道理，博取他人的同情心或者引导客户敬佩你，重视你，这样会为你的业务开展提供便利。

从本质上讲，我不太认可用博取同情心来赢得生意，说实话，不是建立在“认可和共赢”基础之上的业务，量也不会做得太大。所谓的“可怜可怜”、“帮帮忙”，说实话没有多大用，凭啥可怜你？凭啥帮你的忙？但是，在找不到突破口，或者自己的能力修炼还未到家的时候，利用“苦肉计”来开展业务未尝不可。

第二，所谓的“苦”，是我们做销售的吃苦精神，这种吃苦精神感动了客户，得到客户的佩服之情，得到客户的尊重，才能为我们赢得更多的生意。

【销售案例】

案例 1　不挣三百元不回家

回顾自己北漂做 OTC 销售的经历，曾经也利用到“苦肉计”这一招，也取得过一些成功。但是，我个人觉得不是因为“苦情”，别人愿意帮助我，而是因为我吃得了苦，别人佩服我，而愿意跟我合作。在北京，我们说一年不挣十万元叫不合格，所以我给自己下了个目标，每天不挣 300 元不回家。

记得有一次晚上 7 点半了，还在拜访 HD 大药房。不是因为没有完成自己拜访药店的数量任务，而是给自己定下的每天要挣 300 元的目标没有实现。

王大夫说：“怎么啦小鄢，这么晚了还不回家，还在拜访药店，我这里是不是最后一站啦？”“不一定，王师傅，如果您这里不能进 20 盒的话，我估计还得跑下一家。”我笑着说道。

“这是为啥啊，孩子，搞这么辛苦干吗?”王师傅说道。因为他的年龄和我的父母差不多，不免会关心我们这些小孩，平时客情关系也不错，所以关心自然多一点。“您也知道王师傅，我们北漂的不容易。虽然目前比很多 OTC 业务员过得好，但是，我们也有自己的梦想，不能小‘富’即安，要‘居安思危’。”我说道。

“可是也不用这么拼命啊?”王师傅说。“我每天出门都给自己订了个挣钱的目标，每天不挣 300 元不回家，然后换算成具体的销量是多少盒。今天只差 20 盒就完成任务了，如果您这边比较为难的话，我再拜访下一家，直到 9 点钟，就坐车回家。回家也快，差不多 10 点半可以到家，我这一个大小伙，也不怕黑。”边说边笑，因为平时大家比较熟悉，所以，说话自然轻松很多。

王师傅一听，我说得这么“动人”，当然，我觉得更多的是佩服我吃苦的狠劲，当场在计划本上写下了 20 盒的计划，说：“小伙子，赶紧回家吧，计划给你写啦，明天问你要货。”

感谢完之后，我又在店里逗留了 10 多分钟。因为我老是觉得，别人要完货你就走，显得太有目的性了，氛围也比较尴尬，所以一般在达成自己的拜访目标后，还是会逗留一会儿。

亲身经历，听起来有点“惨”。但是，搞 OTC 销售，你如果不对自己狠一点，最后过的惨那才是最惨、最可悲的。

案例 2　每早八点准时报到

在企业内训中，我经常会讲一句话：“一次把业务谈成功，是你的运气好，3 次以内搞定业务是你有技巧和方法，4 次以上，多半是你的勤奋感动了客户。”但是，对于我们很多新手 OTC 代表来说，在公司没有提供销售技巧培训的情况下，除了自己悟出一些销售技巧之外，更多的时候，需要依靠“勤奋”来弥补销售技巧的不足，来为自己赢得更多的生意。

小郭是我在北京带过的业务员，从厨师转变为 OTC 代表，他非常激动，觉得这是一个“高大上”的白领工作，自然也很珍惜和努力。但是，他文化程度比较低，接受产品知识和销售技巧的能力比较慢，因为“朝中有人”的关系，我又不得不带。

昌平 HCT 大药房的王姐，在业界是出了名的难打交道。说实话，之所以难打交道是因为很多业务员没有办法拿准王姐的“脉”。小郭跑这个药店的时候，我没有吱声，看看他有没有办法搞定这个客户。

突然有一天，我查九州通的网上流向系统时，发现 HCT 大药房进货了。奇怪，怎么回事？抱着好奇的心态，我给小郭打电话，说明天跟他随访一天，一定要去 HCT 大药房看看。

见到王姐，简单自我介绍之后，王姐说：“鄢经理啊，进你家的货，没有什么特别的原因。不是因为你家的产品好，至少目前没有发现，也不是因为你的价格低，利润高，就为一个目的，我再也不想见到你的业务员啦！”王姐苦恼地说道。

“哦，这话从何说起？”王姐继续说：“你的业务员每天早上 8 点准时在我的药店门口报到，每天就说你们的产品效果好。我问他怎么好，他也说不出一个所以然来，就是一句话，产品效果好。我跟你说，我进了两盒，你让他再也不要过来了，连续来了一个星期了，真的有点烦啦。这回进货啦，可不要再来啦！”说到这里，王姐哭笑不得。

“王姐，别生气哦，既然进了，我还是跟您讲讲怎么办。这个业务员‘打扰’到您，我还是表示歉意，会批评小郭的。”我也客气地说到，然后简单做了产品培训，后来王姐这里成了小郭的一个重点客户。

所以，在你束手无策的时候，没有销售技巧的时候，就用“勤能补拙”这种精神来提高自己的业绩。

【借题发挥】

搞 OTC 销售，对自己狠一点

总是有人进进出出 OTC 销售这个行业，有的人听说了传奇故事，加入了这个行业；有的人抱怨这个行业太难做，离开了这个行业。我承认 OTC 销售行业，“捡钱”的时代已经过去了，对专业水平的要求，对人的素质要求也越来越高，那个“浑水摸鱼”的时代已经一去不复返。

我也承认，挣钱的 OTC 销售人员，可能就是那 20% 的优秀销售人员，那么，为什么我们不能成为那 20% 的销售精英呢？如果你想，那么请对自己狠一点！

1. 不怕苦——走千山万水，说千言万语，想千方百计

说到这个问题，有人说我吃得了苦。假的，你反问一下自己，因为天气下雨，你有没有不想出门？因为路途遥远，你有没有想过放弃某个药店？因为天气炎热，你有没有躲在网吧上网？就这大自然给你的一点苦都吃不了，还谈什么“像蝉一样，就算蜕掉一层皮也要飞上天”的壮志？

早出晚归，忘记双休，没有时间陪家人游玩等似乎成了生活的常态。

可是，你又是否知道，下雨天，所有的销售人员都不愿意去药店的时候，你去了：第一，老板有足够的时间接待你；第二，你的这份勤奋也会感动老板；第三，一般下雨天药店生意不好，老板可以有时间和你慢慢聊。

你是否知道，越是那些“穷乡僻壤”的地方，其他厂家销售人员不愿意去的地方，你去了，你就是“宝贝”，人家对你客气，主动推荐你的产品，比在城区和那些各个厂家“厮杀”要有趣得多。当 80% 的人不愿意干的时候，你干了，你就成了那 20% 的优秀人员。

OTC 销售的苦，不是让你上刀山下火海，也不是让你过封锁线，但就是这点恶劣天气、这点路途遥远要你克服掉。如果你不像习武之人一样“冬练三九，夏练三伏”，想过上好日子几乎是不可能的。当然，上天是公平的，当你练了几个“三九、三伏”之后，你不用再那么辛苦，但你可以挣到不少的钱。

2. 不要脸——胆大心细，丢开脸面

爱面子，是我们绝大多数人的特点。用目前这个世道的“价值观”来说，你的日子过得拮据得很，甚至生活在“水深火热”的月光族层面，你好意思讲面子，你根本就没有面子。所以，大家以后不要再惧于拜访药店，惧于陌生拜访。谁也不认识谁，做不成业务又有什么丢面子的？只能说明大家没有缘分，不能合作共赢。

曾经我刚做业务时，是不好意思，害怕拒绝，要面子，不敢陌生拜访，怕别人拒绝合作，不敢对客户提要求，怕别人的拒绝驳了面子。后来，我想，有什么好不好意思的，本来“穷”就已经没有面子了。你要是说精神层面的，那好吧，你继续想象吧。

后来，我发现自己什么都敢谈。再后来，明知道你敷衍我，笑话我的产品，我还能陪笑。最后发现，自己挣钱了，自己成长了，“面子”反而自己来了。现在就是靠“面子”来做业务，反而效率更高了，业务也做得轻轻松松，很多事情不请自来。

用富豪李嘉诚的话来做个总结：当你放下面子赚钱的时候，说明你已经成熟了；当你用钱赚回面子的时候，说明你已经成功了；当你可以用面子赚钱的时候，说明你已经是人物了。但你还停留在喝酒、吹牛，啥也不懂还装懂，只爱所谓的面子的时候，说明你这辈子也就这样了。

3. 不放弃——坚持不懈，直到成功

其实，如今能挣上钱的OTC销售人员，曾经脑袋里至少产生过一百次想放弃的想法。跑了一周了、一个月了，发现自己的业务没有多大进展，跑了一年多了，还是没有见到自己挣钱。一个客户拜访了三五次了还是不合作，一个合作的客户，跑了几十遍了还是没有找到上量的方法等，想放弃。

可是，销售的最大乐趣就是在于，你坚持了那么久，不知道下一刻会发生什么。也许你准备放弃的那一刻，好日子正悄悄地向你靠近，放弃了，可惜了。我说的还是在OTC销售中，一定要有“四个坚持”——坚持行业，换个行业穷三年；坚持公司，让自己的正向积累最大地发挥出来；坚持成长，业绩是公司的，成长却是自己的；坚持学习，只有学习才能让我们高效工作，轻松工作。

做OTC销售，就是要对自己狠一点！“知难而上”才是我们要具备的品质。生活中“忍一时风平浪静，退一步海阔天空”。但是在OTC销售中，“退一步”只会是“万丈深渊”。

让我们对自己狠一点，多吃点苦，丢开所谓的面子，坚持按正确的方法做下去，终有一日，我们会在OTC销售这个行业得到我们应得的收获。

第三十五计

连环计

【原典】将多兵众，不可以敌，使其自累，以杀其势。在师中吉，承天宠也。

【释义】敌人兵多将广，不可与之硬拼，应设法让他们自相牵制，以削弱他们的实力。三军统帅如果用军得法，就会像有天上的神仙保佑一样，轻而易举地战胜敌人。

【OTC 销售浅解】在 OTC 销售中用到此计，主要体现为我们在销售中要学会聪明地工作。真正成功的 OTC 销售，不是守株待兔，而是精心谋划、水到渠成。

说简单点，就是每做一件事，都不是率性而为，都有在为产品的销售提量做铺垫工作。“连环计”在 OTC 销售中用的最明显的案例就是新客户的开发和一系列精心策划的促销活动。

【销售案例】

案例 1　开一家送八家

在内训中或者实际销售管理中，总会听到一些销售人员说和某某药房的关系特别好。我问，什么叫客情好?

做三件事可以体现出来：第一，问他借 200 元，看他借的豪爽不豪爽；第二，你的产品在他的药店的销量好不好，是不是摆放已经或者接近天花板；第三，他有没有给你介绍新的客户。尤其第三点非常重要，当他愿意把身边做药店的朋友介绍给你，或者带你入他的朋友圈的时候，那才是真正的客情好。

大家一定要知道，每一家药店都不是“孤军奋战”，要么他的亲戚，要么他的朋友，绝对都有做药房的，所以我们要善于利用现有客户，发展新客户。

刚和 JLK 大药房合作，便赶上了他们买赠的大型促销活动。对我来说，也是一个好的机会，可以利用活动，大量促销自己的产品。所以，我自告奋勇地说：“活动当日，我和两个促销员过来帮忙，发鸡蛋的事情就交给我了。”

为什么很多药店做活动，我都选择发鸡蛋? 因为发鸡蛋你可以看到小票，就可以清楚地了解到活动当日，究竟什么东西卖得多。

活动那天，我一直坚持到下午 5 点多还没有走。李姐几次建议我早点回去休息，我也没有同意，说人手少，多帮一会儿忙。其实，我知道李姐不经意说到，晚上她几个开药店的亲戚会过来帮忙，我得借助这个机会和她的药房亲戚“勾搭”上。

果然，到了 5 点半左右，她其他 8 家店的亲戚们都过来了，一进药店门就看见了我的产品。由于我的产品是统一的包装风格，又是集中化的陈列，所以给人很震撼的感觉。李姐的姐夫问道：“这个厂家的产品不错，啥时候介绍给我认识一下。”说到这里，李姐跟我示意，让我进去，然后把我介绍给了他的药店亲戚们。

我也对公司的产品和政策做了简单的宣讲。大家对部分产品有兴趣，我说别着急，明天开始，我一家一家地拜访大家，寻求合作。由于和李姐有较深的客情，李姐也比较认可我，也帮我大力推荐我的产品和销售方案。

就这样，基于这次的“偶遇”，我顺利并且高效地开发了李姐的这些亲戚药店。

所以，当我们和药店合作，有一定的客情之后，一定要试探性地让他介绍一些做药房的老板给你认识。这样开发新药店，效率高且质量高。

案例 2　精心策划进货奖励方案

制定销售促销方案，是我们搞 OTC 销售绕不开的一个话题。一个好的促销方案，不仅能够引起客户的兴趣，让他愿意拿货，提升我们的产品销量，也有利于给客户增加新的产品，增添新的增量机会。销量份额提升后，更有利于我们客情的建设。从企业来说，可以通过促销活动，将销售不太理想的产品分销出去，减少报损的风险。

我们企业的控销产品大概有 50 多个，但是一般和药店合作的产品在 15 个左右。其他的产品不是因为价格因素就是因为产品本身的属性，导致没有办法大规模上货。

但是，我们深知要想把销售搞好，两个方面的基础工作一定要做好：一个是不断开发新客户，另一个是卖给老客户更多的产品。

要把本来客户不愿意做的产品做进去，就要花点心思了。于是我们做了一个“买100盒送100盒”的活动，第一个“100盒”产品，我们选择的是公司的核心提量产品，也是我们最挣钱的品种。最重要的是在我们的重点推广之下，药店的销量大增，而且趋于稳定。选择这一类的产品，可以打消客户担心滞销的后顾之忧。第二个“100盒”产品，我选择了5个市场上最常见的普药，并且我的产品在价格上和品牌上不占优势。但是这一类别的产品好销，特别是适季产品。

这样，赠品也不会担心滞销的问题。一来二去，就给客户补充了5个新产品。老产品一如既往地卖得好，新产品老板要重点推荐，因为他深知，只有这些产品实实在在销售出去了，他才是真真切切获利。这样，营业员就会形成销售习惯。

一旦形成销售习惯，客户就会继续补充这些赠品，渐渐成为药店的另一个主要销售的产品。因为无数老板跟我说过，至于40扣供货，对他们来说差别不大，能不能卖出去，才是问题的关键。一旦销售动起来了，客户自然就不计较之前考虑的价格问题和品牌问题了。

所以，精心策划的促销活动是我们销售提量或者短时间内销售突破的一个重要手段，你必须要掌握策划活动方案的能力。

案例3　其他企业促销活动分享

促销活动方案

方案一

活动时间：2～3天

活动内容：全场购药品满额送鸡蛋

（1）消费者进店购药满68元（含××药品）送鸡蛋20个。

（2）消费者进店购药满88元（含××药品）送鸡蛋20个加赠一盒牙膏。

（3）消费者进店购药满 108 元（含××药品）送鸡蛋 20 枚加卷纸一提。

（4）消费者进店购药满 128 元（含××药品）送（1）+（2）+（3）。

（5）消费者进店购药满 158 元（含××药品）送鸡蛋 20 枚加电水壶一个。

（6）消费者进店购药满 68 元（含××药品）送鸡蛋 20 枚。

（7）消费者进店购药满 188 元（含××药品）送鸡蛋 20 枚加（2）+（5）。

（8）消费者进店购药满 208 元（含××药品）送鸡蛋 20 枚加食用油一壶。

厂家支持：活动期间的礼品；宣传彩页 2000 份；音响话筒设备；员工配合。

药店支持：提前备足 1 万元辅仁药品，店员全力配合。

方案二

活动时间：2 ~3 天

活动内容：购××产品满 2 元送 1 枚鸡蛋。

厂家支持：活动期间的礼品；宣传彩页 2000 份；音响话筒设备；员工配合。

药店支持：提前备足 1 万元辅仁药品；提供××专柜销售区；店员全力配合。

【借题发挥】

药商常用促销方案汇总

1. 进货送原品

这个办法主要适用于药品生产企业，自建队伍销售，主推公司的几个核心单品。采用这个办法，对于销售终端来说降低了采购成本价，获得更大的利润空间；对于生产厂家来说，无形中增加了产品的销量，比起其他方式也降低了促销成本。

某企业8月终端促销方案

活动时间：2015. 8. 1—2015. 8. 25

活动对象：某市所有终端客户（连锁、商业除外）

活动介绍：

产品名称	规格	生产企业	活动政策
复方鱼腥草合剂	10ml×12瓶	浙江惠松制药	购进10盒赠送原品1盒
鱼腥草芩蓝合剂	15ml×6瓶	浙江惠松制药	购进10盒赠送原品1盒

赠品随货同行。活动期间购进的产品，非产品质量问题，不得退换。

2. 进货送其他产品

这个办法主要是针对药商操作多个同一厂家产品或者多个不同厂家的产品。采用这个办法，对于终端客户来说，获得了更多的产品和利润；对于药商来说，一方面增加了产品的销量，减少了促销费用；另一方面，也可以挖掘更多的明星产品。通过“送”来对抗品牌或高毛利产品，获得自己的市场占有率。

某企业8月终端促销方案

活动时间：2015. 8. 1—2015. 8. 25

活动对象：某市所有终端客户（连锁、商业除外）

活动介绍：

<table>
<tr><th>产品名称</th><th>规格</th><th>购进政策</th></tr>
<tr><td>盐酸左氧氟沙星片</td><td>0. 1g×10p（片）</td><td rowspan="3">购进20盒赠送1盒氢溴酸右美沙芬片</td></tr>
<tr><td>罗红霉素片</td><td>150mg×6p</td></tr>
<tr><td>替硝唑片</td><td>0. 5g×8p</td></tr>
<tr><td>银黄胶囊</td><td>0. 3g×48s（片）</td><td>购进20盒赠送3盒氢溴酸右美沙芬片</td></tr>
</table>

赠品随货同行。活动期间购进的产品，非产品质量问题，不得退换。

（P、S均为行业专业术语）

3. 进货送礼品

这个办法主要是针对药商经营多个品种，可选择的品类和品种比较广泛。首先，采用这个办法，对于药商来说，可以更好地满足终端客情的需要，符合他们的需求便于促销活动的进行。

其次，赠送的礼品对于终端来说，受众比较广。如果是老板自己负责进货，礼品可以自己用或作为药店会员兑换的礼品，减少药店的开支。如果是店员或店长负责进货，可以留着自己用，增进了客情。

范例 1：

某企业 8 月终端促销方案

活动时间： 2015. 8. 1—2015. 8. 25

活动对象： 某市所有终端客户（连锁、商业除外）

活动介绍：

产品名称	规格	生产企业	购进政策
痔康片	36s	江中药业	购进 20 盒送 5kg 大米一袋
清火养元胶囊	20S	贵州汉方药业	购进 50 盒送澳柯玛落地扇一台

赠品随货同行。活动期间购进的产品，非产品质量问题，不得退换。

范例 2：

某企业 8 月终端促销方案

活动时间： 2015. 8. 1—2015. 8. 25

活动对象： 某市所有终端客户（连锁、商业除外）

活动介绍：

（1）凡一次性现款购入重点品种满 1000 元的客户，赠送蓝月亮洗衣液 1kg 装 5 瓶。

（2）凡一次性现款购进大山楂颗粒、小儿止咳糖浆、川贝枇杷糖浆、雪梨膏、杏苏止咳糖浆满 80 盒（可任意组合），送金龙鱼玉米油 5L 一壶，满 200 盒送路虎山地自行车 1 辆或 400 元购物卡。

赠品随货同行。活动期间购进的产品，非产品质量问题，不得退换。

4. 进货返现金

这个办法对于操作核心单品自建队伍的生产企业和操作多个品种的医药公司都可以用。返现的作用在于吸引力大，现金的分配方式比较广，可以给店员，店长也可以给终端老板，灵活起量快，但是要考虑导致商业贿赂的风险。

范例1：

某企业终端促销方案

活动时间：全年

活动对象：某市所有终端客户（连锁、商业除外）

活动介绍：

产品名称	规格	生产企业	购进政策
痔康片	36s	江中药业	每盒返利3元，5盒起核算

费用根据流向兑付。

范例2：

某企业终端促销方案

活动时间：全年

活动对象：某市所有终端客户（连锁、商业除外）

活动介绍：

一次性现款购进我公司产品满3500元，返现15%。

货款结算时直接扣除。活动期间购进的产品，非产品质量问题，不得退换。

5. 进货赠旅游

这种方法多被控销企业采用。控销企业的费用好控制，利润空间大。这样做也便于在旅游的过程中，业务人员与客户进行更多的交流。旅游可以是短途的，也可以是长途的。采用这种方法也不仅仅是旅游，像采摘、野炊等也可以作为这种方式的衍生品。

某企业终端促销方案

活动时间：2015. 7. 28—2015. 8. 10

活动对象：某市所有终端客户（连锁、商业除外）

活动介绍：

瑞年氨基酸成人 60 盒 ×88 =5280 元

灵儿氨基酸 48 盒 ×56 =2784 元

克咳胶囊 100 盒 ×16 元 =1600 元

合计：9664 元

赠送：内蒙古大草原 5 日旅游价值 3800 元

活动期间购进的产品，非产品质量问题，不得退换。

注意事项：

（1）考虑持续发展和客户形成拿货习惯，活动时间尽量以年为单位。

（2）赠品、礼品和费用要及时兑付，以免引起退货，留下不良印象。

第三十六计

走为上计

【原典】全师避敌。左次无咎，未失常也。

【释义】全军退却，避开强敌。军队在左边扎营，没有危险（因为扎营在左边或右边，要依时情而定）并没有违背行军常道。

【OTC 销售浅解】在 OTC 销售中用到此计，主要体现为我们在销售中：

第一个“走”是我们要勤奋。如果一个销售人员不勤奋，那么你就什么都不要想得到了。没有勤奋，再多的销售技巧也无用。

第二个“走”是指暂时离开。当客户心情不好，当你和客户的异议没有办法达成一致的时候，不妨先暂时离开，缓冲一下，没准儿还能再重新获得合作的机会。但是这里要注意的是学会跟踪客户。

【销售案例】

案例1　不跑店你什么也得不到

搞 OTC 销售的代表们，还有另外一个词叫作“跑业务的”，直接体现出了我们工作的性质。如果我们做 OTC 终端销售的连一定的拜访量都保持不了，或者说连药店都不想跑，就想通过做 OTC 终端销售得到东西，那你就别想了，因为你的懒惰不可能让你实现成功的。

杨浩曾经是我手下的一名业务员，也是我为数不多被开除，或者说的好听点叫作“劝退”的业务员。

业绩一塌糊涂，问他为什么？他说这段时间“跑店”跑得少。问他为什么不愿按照要求跑店，他说这个月老下雨。我说：“要是梅雨季节来了，你不是三个月都不用跑店了？”经常传假照片报到，临时查岗不在岗，所以我坚决辞退他。

这种人留在团队中，不光是他自己不好，对这种业务员的容忍就是鼓励其他业务员懒惰！所以必须辞退。

再次和他沟通时，我说：“杨浩，你换个行业吧。我觉得你不太适合做这个行业。”“不，鄢总，我觉得我适合做，我觉得我除了‘懒’以外，没有什么别的毛病了！”杨浩满怀信心地说。我的天，作为一名终端业务人员，一个“懒”字还不够吗？

所以，我想劝我们做 OTC 的伙伴们一句话，你可以高效拜访，但是你一定要保持拜访率。如果你连拜访率都保障不了，我想不管你和客户有多深的客情，不管你多么有销售技巧，你也会像流星一样，闪耀一下，然后慢慢陨落。

案例2　学会离开

有的时候，我们业务员太实诚，不会审时度势、临场发挥，非要硬碰硬，结果受了挫，还要骂一句："这个老板真不是人，昨天还跟我称兄道弟的，今天好像就更变了一个人似的。"这是为什么？我们看看这个故事就明白了。

某日，我拜访爱心大药房的王哥，一进门就感觉氛围不对，平时幽默的王哥今天坐在电脑面前，盯着电脑，面无表情，连喊了两声也不搭理我。看看不远处坐着的张姐（王哥的准新娘），也是一脸的不高兴。坏了，我想肯定是两人闹矛盾了，这样的情况我以前碰到过，不能招惹，谁招惹谁倒霉，你也别想谈业务什么的。这种情况下，没有人有心情跟你谈业务，废话多了就是挨批的命，所以我迅速结束拜访，告别离开。

过了几天再去这个店里的时候，王哥和张姐开开心心的。我就谈到前天过来看到的情景，他说："那时两个人刚为结婚的事吵了一顿，正想找人发泄，你小子聪明，一看情况不对，溜之大吉了。后来一顿脾气全发在你之后来拜访的那个业务员身上了，估计他一辈子都不会再来我的药店啦。"说完之后，王哥开怀大笑。

我经常和 OTC 的新手们聊：要不以物喜，不以己悲！有的时候，以前觉得好好的客情关系，怎么突然觉得像变了一个人一样，也不要太在意。因为可能你的运气不好，正好赶在他不高兴的时候让你给碰上了。每个人都有情绪和不爽的时候，所以碰到这种情况，也大可不必放在心上。意识到了，赶紧离开，别自找不痛快。没有意识到，被发泄到身上也别在意，那不是他真实的意思，所以大家要淡定，千万不要硬碰硬。

【借题发挥】

OTC 终端代表，新客户开发跟踪技巧

经常会有 OTC 终端销售的小伙伴们给我留言：“鄢总，这个客户我跟好多次了，一直搞不定，为什么啊？难道他真的是铁石心肠吗？”我只会问一句：“你每次拜访和前一次拜访有不一样的地方吗？简单到说不一样的开场白和办不一样的事情。”他说，没有，每次都一样。我说：“那就对了，你做的是同样的过程，得到同样的结果，是最正常不过的事情啦。”

那么，我们究竟该如何跟进新客户？我在这里和大家简单谈一下。

我们先来点高端的，看一组数据。

美国销售员协会曾经做过一次调查研究，结果发现：80% 的销售成功案例，是在销售人员联系跟进了 5 次以上拜访所达成的。这说明销售人员不断挑战失败是销售成功的先决条件。

资料进一步显示：48% 的销售人员经常在第一次拜访之后，便放弃了继续销售的意志。25% 的销售人员，在拜访了两次之后，开始打退堂鼓。12% 的销售人员，在拜访了 3 次之后，放弃了。5% 的销售人员在第四次拜访之后放弃。仅有 1% 的人锲而不舍，多次拜访，直到成功，而他们的业绩占了全部销售的 80% 。

在这里，我想说的是一次就把业务谈成的，可能是微乎其微。当然，这与他前期充分的准备肯定是分不开的。但是 2 ~ 3 次把业务谈下来是一定有技巧的，4 次以上把业务做下来，要不是技巧用得太慢，要不就是你的敬业感动了客户。那么，有技巧性地跟踪是什么样的？

下面，我们进入主题。

1. 一定要明白一点，跟踪的目的是形成销售，而不是听到的一句“问候”

很多人说他一直在跟踪客户，可是只是简单地打个照面，没有深入地去谈业务。这种跟踪是无效的，你就算是跑一百遍，也是没有什么用的。所以，每次拜访我们都要牢记使命，我不是来说说就好，是一定要形成销售的。我们只有在思维上正确的时候，才可能做出正确的判断。

2. 关于拜访频率的问题

我给大家的建议，最好在3天之内再次去拜访你想开发的新客户，因为三天之后你再去拜访，客户每天见的销售代表非常多，他甚至已经记不起来你了，可能很多谈过的东西已经忘了，那么有可能你们的谈判又要重新开始。所以，为了保证开发的效率，如果你确定要开发哪家客户，最好保证每三天之内过去谈一次，给对方留下深刻的印象，为下一次谈判做好铺垫。

3. 关于究竟多少次谈判不能达成就放弃

对于这个观点，我和很多搞培训的老师的说法不一样。很多老师说“要坚持到底，直到成功，哪怕拜访到99次。”我说：“那都是搞成功学的，有那个功夫，多开发点别的店不比这个强，更何况，强扭的瓜不甜。”这个道理人人都懂。

在这里，我建议每个销售人员给自己定个次数，达到这个次数，客户还不合作就放弃。当然，在这个次数之内，你要想尽各种办法。如果每次都是一样的过程，你就是去一百次，那跟去一次也差不多。

4. 每次跟踪都要有新的东西

前面一直提到的，每次拜访都要有变化。怎么变化，我这里教大家几招儿：

（1）不一样的方式：带着解决方案或者带点小礼品。你不能每次去都空手去啊。如果前几次的谈判中，有异议没有办法及时解决，你应该是带着解决方案去。或者前几次的谈判中，你发现客户每次都是抽某一品牌的烟，或者喝某一品牌的饮料，或者喝哪一种茶，下次去的时候，你就带客户喜欢的那些东西，并且还说成也是你的爱好。这样你们就成了同一类人，那么你们的客情关系也就缓和多了。

（2）不一样的说辞，让客户难为情。有的销售人员是跑的次数多了，客户没有难为情，好家伙自己倒不好意思起来。我们一定要说一些话，要客户觉得不好意思。比如：“张总，您看，我这已经是第三次跟您沟通了。您的连锁药房作为区域知名品牌，我们是希望能够和您合作上的。第三次沟通不行也没有关系，反正还有第四次、第五次、第六次，直到合作成功为止。”

还有那些一直碰不到老板的，好不容易碰上了，上来就来一句：“张总，我今天撞大运了，来了三次了，今天终于见到您了。有几个黄金产品一直期望和您这样优秀的店合作，今天终于有机会跟你谈了。”一开始，就让客户有种亏负的感觉，那么为后来的合作也扫清了不少障碍。

（3）不一样的时间，多变！变化一下时间，几个上午去，客户都比较忙或者厂家代表比较多，老谈不成功，那么你就换着时间去，下午去拜访看看。有的时候也可以作为当天第一个谈业务的，或者最后一个谈业务的。总之，换着来，也许你以前一直想谈判的那个时间点，就不是最好的时间点。

（4）不一样的心态。很多人谈业务难，是因为他们给人的感觉一直是，我想挣你的钱，结果客户一直不同意合作。转换一种心态，也是我们销售人员应该有的一种心态，就是“一切是为您的公司考虑”的心态。比如和我合作除了给您带来产品利润之外，还可以增加您的客流量，帮助您成为区域性龙头连锁，给您更多的资源支持等，让客户觉得是为他们好。

以上是我个人在实战中跟踪客户的一些经验，希望能对本书的读者有所启发和帮助！

后记

OTC销售的三重境界

很多人听说做医药销售很挣钱，结果高高兴兴地进来，灰头土脸地出去。也有人不清楚 OTC 代表要经历哪些阶段才能够成为挣钱的 OTC 代表，有的 OTC 代表每天上班像上刑场一样，也有的 OTC 代表每天上班像入洞房一样，为什么会有这么大的差别呢？结合自己的工作经历，跟大家谈谈。

纸上得来终觉浅，绝知此事要躬行

刚刚加入 OTC 销售这个行业，我们会进行培训。公司层面会培训行业知识、产品知识、销售技巧等。我们还会在公司搞“头脑风暴”，汇聚客户可能提出的疑问，也会制订销售话术 100 问背诵计划，还会进行销售演练等。请老代表抽根烟，吃个饭，老代表也会给我们很多经验，会带领我们跑几天市场，执行“传帮带”的公司策略。我们也会在网上看很多销售视频，浏览行业网站，买很多的销售书籍和励志书籍来鼓励自己。

但是，这个阶段，我们会犯一个错误。通俗讲就是“想得太多，做得太少”。我们会怀疑老代表的一些经验，会“突发奇想”自以为是不错的方式方法，高高兴兴地汇报给经理主管，结果被“毙掉”。我们会很不服气，觉得“英雄无用武之地”。好一点的公司或领导会让你试试，通常情况下，你会死得很惨。

在这个阶段，我给大家的意见是多做少想。先按照公司的策略执行下去再说。不要还没有干，就凭你仅有的一点经验去否定老代表或公司的经验，先执行，等你做出业绩了，再来谈你的想法不迟。

宝剑锋从磨砺出，梅花香自苦寒来

有了一段时间的培训和市场锻炼之后，我们就要“走千山万水，说千言万语，想千方百计”在市场上搏杀。

这个时候，我们会拜访很多客户，会受到很多白眼，会碰到很多拒绝，要处理很多头疼的事，见很多不想见的人，耐很多的寂寞，做很多烦琐的事，起得比鸡早！可能会诞生一万个想退出这个行业的想法。

同时，我们也会获得很多客户，获得很多相信我们的人，获得很多能长久在医药行业陪伴我们成长的客户。只要我们不离开这个行业，他们就是我们最好的资源。

这个阶段，是我们最痛苦、最难的阶段！但这个阶段，也是我们上战场真刀真枪干的阶段。这个阶段，我们吃了苦，下了市场，所以我们挣到了真金白银，过上了比较体面的生活，同时，我们积攒了大量的行业经验和客户资源。

挣钱对于我们来说，谈不上轻而易举，至少也不会太费劲。打一场硬仗，对于一个 OTC 代表来说，那是一生的收获，除了所谓的金钱之外，获得的那一份自信是影响终身的！

海阔凭鱼跃，天高任鸟飞

经过第二个阶段后，你已经是医药行业的佼佼者。这时的你选择了职业经理的发展道路，可能从主管到区域经理到大区经理甚至全国总监，一路直上。但是，这个阶段你还要学习。从一个超级业务员向一个销售管理者的转变，其痛苦不亚于“鹰的重生”！

你也可能乐于分享，成为公司的一名销售内训师；你也可以加盟一些公司做医药销售培训或者医药咨询；你也可以出书立作，作为一个医药销售作家；你也有可能因为你拥有丰富的客户资源和经验，选择做一个“医药自然人”，做一个地总或者做一个省总，偏于一隅，闷声发大财，过着自由自在的逍遥日子；你也有可能和市场上结识的一群志同道合的人，组建一个团队或者一个医药公司甚至开一个药厂，开始自己的一片事业。

但是，这个阶段的你一定不要自我膨胀，自以为天下无敌！这个阶段的你，更应该合法合规经营自己的医药人生，千万不要碰政策的红线，千万不要让多年的积攒毁于一旦！

这个阶段的你绝对不可以放弃学习和思考。这个时代变化太快，医药销售领域更是发展迅猛。稍微沾沾自喜和故步自封可能会让你停滞不前，最后被这个时代淘汰掉。

我还是忍不住在这个阶段和大家分享一个故事。诺基亚公布同意被微软收购时，诺基亚总裁最后说了一句话：“我们并没有做错什么，但不知为什么，我们输了！”说完后几十名诺基亚高管不禁落泪。诺基亚是一家值得敬佩的公司，诺基亚并没有做错什么，只是世界变化太快。自己不变，就要被别人“变”掉。

你也没有错，但是如果你的思维跟不上这时代，你也即将会被淘汰！眼睛，是发现未来的！头脑，是思索未来的！胆量，是创造未来的！

肯定有人会问我，度过每个阶段需要多长时间？我想说，这要看你个人的执行力、悟性和坚持，还有就是你选择了一个什么样的平台。但这肯定是要经过一段时间的，目标明确，方向正确又何怕路途遥远？

祝福所有的OTC销售人员，销售之路越来越宽阔，日子越过越幸福！

推荐作者得新书！

博瑞森征稿启事

亲爱的读者朋友：

感谢您选择了博瑞森图书！希望您手中的这本书能给您带来实实在在的帮助！

博瑞森一直致力于发掘好作者、好内容，希望能把您最需要的思想、方法，一字一句地交到您手中，成为专业知识与管理实践的纽带和桥梁。

但是我们也知道，有很多深入企业一线、经验丰富、乐于分享的优秀专家，或者往来奔波没时间，或者缺少专业的写作指导和便捷的出版途径，只能茫然以待……

还有很多在竞争大潮中坚守的企业，有着异常宝贵的实践经验和独特的闪光点，但缺少专业的记录和整理者，无法让企业的经验和故事被更多的人了解、学习、参考……

这些都太遗憾了！

博瑞森非常希望能将这些埋藏的"宝藏"发掘出来，贡献给广大读者，让更多的人得到帮助。

所以，我们真心地邀请您，我们的老读者，帮助我们一起搜寻：

推荐作者。

可以是您自己或您的朋友，只要对本土管理有实践、有思考；可以是您通过网络、杂志、书籍或其他途径了解的某位专家，不管名气大小，只要他的思想和方法曾让您深受启发。

推荐企业。

可以是您自己所在的企业，或者是您熟悉的某家企业，其创业过程、运营经历、产品研发、机制创新，等等。无论企业大小，只要乐于分享、有值得借鉴书写之处。

总之，好内容就是一切！

博瑞森绝非"自费出书"，出版项目费用完全由我们承担。您推荐的作者或企业案例一经采用，我们会立刻向您赠送书币 100 元，可直接换取任何博瑞森图书的纸质版或电子版。

感谢您对本土管理的支持！感谢您对博瑞森图书的帮助！

推荐邮箱：bookgood@126.com　　推荐手机：13611149991

与主编加为好友： bookgood2000

博瑞森管理图书网：http://www.bracebook.com.cn/index.html

1120 本土管理实践与创新论坛

这是由100多位本土管理专家联合创立的企业管理实践学术交流组织，旨在孵化本土管理思想、促进企业管理实践、加强专家间交流与协作。

论坛每年集中力量办好两件大事：第一，“**出一本书**”，汇聚一年的思考和实践，把最原创、最前沿、最实战的内容集结成册，贡献给读者；第二，“**办一次会**”，每年11月20日本土管理专家们汇聚一堂，碰撞思想、研讨案例、交流切磋、回馈社会。

论坛理事名单（以年龄为序，以示传承之意）

企业案例·老板传记

	书名.作者	内容/特色	读者价值
企业案例·老板传记	**娃哈哈区域标杆:豫北市场营销实录** 罗宏文　赵晓萌　等著	本书从区域的角度来写娃哈哈河南分公司豫北市场是怎么进行区域市场营销,成为娃哈哈全国第一大市场、全国增量第一高市场的一些操作方法	参考性、指导性,一线真实资料
	像六个核桃一样:打造畅销品的36个简明法则 王　超　范　萍　著	本书分上下两篇:包括"六个核桃"的营销战略历程和36条畅销法则	知名企业的战略历程极具参考价值,36条法则提供操作方法
	六个核桃凭什么:从0过100亿 张学军　著	首部全面揭秘养元六个核桃裂变式成长的巨著	学习优秀企业的成长路径,了解其背后的理论体系
	借力咨询:德邦成长背后的秘密 官同良　王祥伍　著	讲述德邦是如何借助咨询公司的力量进行自身与发展的	来自德邦内部的第一线资料,真实、珍贵,令人受益匪浅
	解决方案营销实战案例 刘祖轲　著	用10个真案例讲明白什么是工业品的解决方案式营销,实战、实用	有干货、真正操作过的才能写得出来
	招招见销量的营销常识 刘文新　著	如何让每一个营销动作都直指销量	适合中小企业,看了就能用
	我们的营销真案例 联纵智达研究院　著	五芳斋粽子从区域到全国/诺贝尔瓷砖门店销量提升/利豪家具出口转内销/汤臣倍健的营销模式	选择的案例都很有代表性,实在、实操!
	中国营销战实录:令人拍案叫绝的营销真案例 联纵智达　著	51个案例,42家企业,38万字,18年,累计2000余人次参与……	最真实的营销案例,全是一线记录,开阔眼界
	双剑破局:沈坤营销策划案例集 沈　坤　著	双剑公司多年来的精选案例解析集,阐述了项目策划中每一个营销策略的诞生过程,策划角度和方法	一线真实案例,与众不同的策划角度令人拍案叫绝、受益匪浅
	宗:一位制造业企业家的思考 杨　涛　著	1993年创业,引领企业平稳发展20多年,分享独到的心得体会	难得的一本老板分享经验的书
	简单思考:AMT咨询创始人自述 孔祥云　著	著名咨询公司(AMT)的CEO创业历程中点点滴滴的经验与思考	每一位咨询人,每一位创业者和管理经营者,都值得一读
	边干边学做老板 黄中强　著	创业20多年的老板,有经验、能写、又愿意分享,这样的书很少	处处共鸣,帮助中小企业老板少走弯路
	三四线城市超市如何快速成长:解密甘雨亭 IBMG国际商业管理集团　著	国内外标杆企业的经验+本土实践量化数据+操作步骤、方法	通俗易懂,行业经验丰富,宝贵的行业量化数据,关键思路和步骤
	中国首家未来超市:解密安徽乐城 IBMG国际商业管理集团　著	本书深入挖掘了安徽乐城超市的试验案例,为零售企业未来的发展提供了一条可借鉴之路	通俗易懂,行业经验丰富,宝贵的行业量化数据,关键思路和步骤

互联网+

	书名.作者	内容/特色	读者价值
互联网+	**互联网时代的银行转型** 韩友诚　著	以大量案例形式为读者全面展示和分析了银行的互联网金融转型应对之道	结合本土银行转型发展案例的书籍
	正在发生的转型升级·实践 本土管理实践与创新论坛　著	企业在快速变革期所展现出的管理变革新成果、新方法、新案例	重点突出对于未来企业管理相关领域的趋势研判
	触发需求:互联网新营销样本·水产 何足奇　著	传统产业都在苦闷中挣扎前行,本书通过鲜活的案例告诉你如何以需求链整合供应链,从而把大家熟知的传统行业打碎了重构、重做一遍	全是干货,值得细读学习,并且作者的理论已经经过了他亲自操刀的实践检验,效果惊人,就在书中全景展示
	移动互联新玩法:未来商业的格局和趋势 史贤龙　著	传统商业、电商、移动互联,三个世界并存,这种新格局的玩法一定要懂	看清热点的本质,把握行业先机,一本书搞定移动互联网

续表

互联网+	**微商生意经：真实再现33个成功案例操作全程** 伏泓霖　罗晓慧　著	本书为33个真实案例，分享案例主人公在做微商过程中的经验教训	案例真实，有借鉴意义
	阿里巴巴实战运营——14招玩转诚信通 聂志新　著	本书主要介绍阿里巴巴诚信通的十四个基本推广操作，从而帮助使用诚信通的用户及企业更好地提升业绩	基本操作，很多可以边学边用，简单易学
	今后这样做品牌：移动互联时代的品牌营销策略 蒋　军　著	与移动互联紧密结合，告诉你老方法还能不能用，新方法怎么用	今后这样做品牌就对了
	互联网+"变"与"不变"：本土管理实践与创新论坛集萃．2016 本土管理实践与创新论坛　著	本土管理领域正在产生自己独特的理论和模式，尤其在移动互联时代，有很多新课题需要本土专家们一起研究	帮助读者拓宽眼界、突破思维
	创造增量市场：传统企业互联网转型之道 刘红明　著	传统企业需要用互联网思维去创造增量，而不是用电子商务去转移传统业务的存量	教你怎么在"互联网+"的海洋中创造实实在在的增量
	重生战略：移动互联网和大数据时代的转型法则 沈　拓　著	在移动互联网和大数据时代，传统企业转型如同生命体打算与再造，称之为"重生战略"	帮助企业认清移动互联网环境下的变化和应对之道
	画出公司的互联网进化路线图：用互联网思维重塑产品、客户和价值 李　蓓　著	18个问题帮助企业一步步梳理出互联网转型思路	思路清晰、案例丰富，非常有启发性
	7个转变，让公司3年胜出 李　蓓　著	消费者主权时代，企业该怎么办	这就是互联网思维，老板有能这样想，肯定倒不了
	跳出同质思维，从跟随到领先 郭　剑　著	66个精彩案例剖析，帮助老板突破行业长期思维惯性	做企业竟然有这么多玩法，开眼界

行业类：零售、白酒、食品/快消品、农业、医药、建材家居等

	书名．作者	内容/特色	读者价值
零售·超市·餐饮·服装·汽车	**1. 总部有多强大，门店就能走多远** **2. 超市卖场定价策略与品类管理** **3. 连锁零售企业招聘与培训破解之道** **4. 中国首家未来超市：解密安徽乐城** **5. 三四线城市超市如何快速成长：解密甘雨亭** IBMG国际商业管理集团　著	国内外标杆企业的经验+本土实践量化数据+操作步骤、方法	通俗易懂，行业经验丰富，宝贵的行业量化数据，关键思路和步骤
	涨价也能卖到翻 村松达夫　【日】	提升客单价的15种实用、有效的方法	日本企业在这方面非常值得学习和借鉴
	移动互联时代的超市升级 联商网　著	深度解析超市转型升级重点	帮助零售企业把握全局、看清方向
	手把手教你做专业督导：专卖店、连锁店 熊亚柱　著	从督导的职能、作用，在工作中需要的专业技能、方法，都提供了详细的解读和训练办法，同时附有大量的表单工具	无论是店铺需要统一培训，还是个人想成为优秀的督导，有这一本就够了
	零售：把客流变成购买力 丁　昀　著	如何通过不断升级产品和体验式服务来经营客流	如何进行体验营销，国外的好经营，这方面有启发
	餐饮企业经营策略第一书 吴　坚　著	分别从产品、顾客、市场、盈利模式等几个方面，对现阶段餐饮企业的发展提出策略和思路	第一本专业的、高端的餐饮企业经营指导书
	赚不赚钱靠店长：从懂管理到会经营 孙彩军　著	通过生动的案例来进行剖析，注重门店管理细节方面的能力提升	帮助终端门店店长在管理门店的过程中实现经营思路的拓展与突破

续表

	汽车配件这样卖:汽车后市场销售秘诀100条 俞士耀　著	汽配销售业务员必读,手把手教授最实用的方法,轻松得来好业绩	快速上岗,专业实效,业绩无忧
耐消品	**跟行业老手学经销商开发与管理:家电、耐消品、建材家居** 黄润霖　著	全部来源于经销商管理的一线问题,作者用丰富的经验将每一个问题落实到最便捷快速的操作方法上去	书中每一个问题都是普通营销人亲口提出的,这些问题你也会遇到,作者进行的解答则精彩实用
白酒	**变局下的白酒企业重构** 杨永华　著	帮助白酒企业从产业视角看清趋势,找准位置,实现弯道超车的书	行业内企业要减少90%,自己在什么位置,怎么做,都清楚了
	1. 白酒营销的第一本书(升级版) **2. 白酒经销商的第一本书** 唐江华　著	华泽集团湖南开口笑公司品牌部长,擅长酒类新品推广、新市场拓展	扎根一线,实战
	区域型白酒企业营销必胜法则 朱志明　著	为区域型白酒企业提供35条必胜法则,在竞争中赢销的葵花宝典	丰富的一线经验和深厚积累,实操实用
	10步成功运作白酒区域市场 朱志明　著	白酒区域操盘者必备,掌握区域市场运作的战略、战术、兵法	在区域市场的攻伐防守中运筹帷幄,立于不败之地
	酒业转型大时代:微酒精选2014－2015 微酒　主编	本书分为五个部分:当年大事件、那些酒业营销工具、微酒独立策划、业内大调查和十大经典案例	了解行业新动态、新观点,学习营销方法
快消品·食品	**乳业营销第一书** 侯军伟　著	对区域乳品企业生存发展关键性问题的梳理	唯一的区域乳业营销书,区域乳品企业一定要看
	食用油营销第一书 余　盛　著	10多年油脂企业工作经验,从行业到具体实操	食用油行业第一书,当之无愧
	中国茶叶营销第一书 柏　龑　著	如何跳出茶行业"大文化小产业"的困境,作者给出了自己的观察和思考	不是传统做茶的思路,而是现在商业做茶的思路
	调味品营销第一书 陈小龙　著	国内唯一一本调味品营销的书	唯一的调味品营销的书,调味品的从业者一定要看
	快消品营销人的第一本书:从入门到精通 刘　雷　伯建新　著	快消行业必读书,从入门到专业	深入细致,易学易懂
	变局下的快消品营销实战策略 杨永华　著	通胀了,成本增加,如何从被动应战变成主动的"系统战"	作者对快消品行业非常熟悉、非常实战
	快消品经销商如何快速做大 杨永华　著	本书完全从实战的角度,评述现象,解析误区,揭示原理,传授方法	为转型期的经销商提供了解决思路,指出了发展方向
	一位销售经理的工作心得 蒋　军　著	一线营销管理人员想提升业绩却无从下手时,可以看看这本书	一线的真实感悟
	快消品营销:一位销售经理的工作心得2 蒋　军　著	快消品、食品饮料营销的经验之谈,重点图书	来源与实战的精华总结
	快消品营销与渠道管理 谭长春　著	将快消品标杆企业渠道管理的经验和方法分享出来	可口可乐、华润的一些具体的渠道管理经验,实战
	成为优秀的快消品区域经理 伯建新　著	37个"怎么办"分析区域经理的工作关键点	可以作为区域经理的'速成催化器'
	销售轨迹:一位快消品营销总监的拼搏之路 秦国伟　著	本书讲述了一个普通销售员打拼成为跨国企业营销总监的真实奋斗历程	激励人心,给广大销售员以力量和鼓舞
	快消老手都在这样做:区域经理操盘锦囊 方刚　著	非常接地气,全是多年沉淀下来的干货,丰富的一线经验和实操方法不可多得	在市场摸爬滚打的"老油条",那些独家绝招妙招一般你问都是问不来的
	动销四维:全程辅导与新品上市 高继中　著	从产品、渠道、促销和新品上市详细讲解提高动销的具体方法,总结作者18年的快消品行业经验,方法实操	内容全面系统,方法实操

续表

农业	**中小农业企业品牌战法** 韩　旭　著	将中小农业企业品牌建设的方法,从理论讲到实践,具有指导性	全面把握品牌规划,传播推广,落地执行的具体措施
	农资营销实战全指导 张　博　著	农资如何向“深度营销”转型,从理论到实践进行系统剖析,经验资深	朴实、使用!不可多得的农资营销实战指导
	农产品营销第一书 胡浪球　著	从农业企业战略到市场开拓、营销、品牌、模式等	来源于实践中的思考,有启发
	变局下的农牧企业 9 大成长策略 彭志雄　著	食品安全、纵向延伸、横向联合、品牌建设……	唯一的农牧企业经营实操的书,农牧企业一定要看
医药	**新医改下的医药营销与团队管理** 史立臣　著	探讨新医改对医药行业的系列影响和医药团队管理	帮助理清思路,有一个框架
	医药营销与处方药学术推广 马宝琳　著	如何用医学策划把“平民产品”变成“明星产品”	有真货、讲真话的作者,堪称处方药营销的经典!
	新医改了,药店就要这样开 尚　锋　著	药店经营、管理、营销全攻略	有很强的实战性和可操作性
	电商来了,实体药店如何突围 尚　锋　著	电商崛起,药店该如何突围?本书从促销、会员服务、专业性、客单价等多重角度给出了指导方向	实战攻略,拿来就能用
	在中国,医药营销这样做:时代方略精选文集 段继东　主编	专注于医药营销咨询 15 年,将医药营销方法的精华文章合编,深入全面	可谓医药营销领域的顶尖著作,医药界读者的必读书
	OTC 医药代表药店销售 36 计 鄢圣安　著	以《三十六计》为线,写 OTC 医药代表向药店销售的一些技巧与策略	案例丰富,生动真实,实操性强
	OTC 医药代表药店开发与维护 鄢圣安　著	要做到一名专业的医药代表,需要做什么、准备什么、知识储备、操作技巧等	医药代表药店拜访的指导手册,手把手教你快速上手
	引爆药店成交率 1:店员导购实战 范月明　著	一本书解决药店导购所有难题	情景化、真实化、实战化
	引爆药店成交率 2:经营落地实战 范月明　著	最接地气的经营方法全指导	揭示了药店经营的几类关键问题
	医药企业转型升级战略 史立臣　著	药企转型升级有 5 大途径,并给出落地步骤及风险控制方法	实操性强,有作者个人经验总结及分析
建材家居	**建材家居营销实务** 程绍珊　杨鸿贵　主编	价值营销运用到建材家居,每一步都让客户增值	有自己的系统、实战
	建材家居门店销量提升 贾同领　著	店面选址、广告投放、推广助销、空间布局、生动展示、店面运营等	门店销量提升是一个系统工程,非常系统、实战
	10 步成为最棒的建材家居门店店长 徐伟泽　著	实际方法易学易用,让员工能够迅速成长,成为独当一面的好店长	只要坚持这样干,一定能成为好店长
	手把手帮建材家居导购业绩倍增:成为顶尖的门店店员 熊亚柱　著	生动的表现形式,让普通人也能成为优秀的导购员,让门店业绩长红	读着有趣,用着简单,一本在手、业绩无忧
	建材家居经销商实战 42 章经 王庆云　著	告诉经销商:老板怎么当、团队怎么带、生意怎么做	忠言逆耳,看着不舒服就对了,实战总结,用一招半式就值了
工业品	**销售是门专业活:B2B 、工业品** 陆和平　著	销售流程就应该跟着客户的采购流程和关注点的变化向前推进,将一个完整的销售过程分成十个阶段,提供具体方法	销售不是请客吃饭拉关系,是个专业的活计!方法在手,走遍天下不愁
	解决方案营销实战案例 刘祖轲　著	用 10 个真案例讲明白什么是工业品的解决方案式营销,实战、实用	有干货、真正操作过的才能写得出来

续表

工业品	变局下的工业品企业7大机遇 叶敦明　著	产业链条的整合机会、盈利模式的复制机会、营销红利的机会、工业服务商转型机会……	工业品企业还可以这样做,思维大突破
	工业品市场部实战全指导 杜　忠　著	工业品市场部经理工作内容全指导	系统、全面、有理论、有方法,帮助工业品市场部经理更快提升专业能力
	工业品营销管理实务 李洪道　著	中国特色工业品营销体系的全面深化、工业品营销管理体系优化升级	工具更实战,案例更鲜活,内容更深化
	工业品企业如何做品牌 张东利　著	为工业品企业提供最全面的品牌建设思路	有策略、有方法、有思路、有工具
	丁兴良讲工业4.0 丁兴良　著	没有枯燥的理论和说教,用朴实直白的语言告诉你工业4.0的全貌	工业4.0是什么?本书告诉你答案
	资深大客户经理:策略准,执行狠 叶敦明　著	从业务开发、发起攻势、关系培育、职业成长四个方面,详述了大客户营销的精髓	满满的全是干货
	一切为了订单:订单驱动下的工业品营销实战 唐道明　著	其实,所有的企业都在围绕着两个字在开展全部的经营和管理工作,那就是"订单"	开发订单、满足订单、扩大订单。本书全是实操方法,字字珠玑、句句干货,教你获得营销的胜利
金融	交易心理分析 (美)马克·道格拉斯　著 刘真如　译	作者一语道破赢家的思考方式,并提供了具体的训练方法	不愧是投资心理的第一书,绝对经典
	精品银行管理之道 崔海鹏　何　屹　主编	中小银行转型的实战经验总结	中小银行的教材很多,实战类的书很少,可以看看
	支付战争 Eric M. Jackson　著 徐　彬　王　晓　译	PayPal创业期营销官,亲身讲述PayPal从诞生到壮大到成功出售的整个历史	激烈、有趣的内幕商战故事!了解美国支付市场的风云巨变
房地产	产业园区/产业地产规划、招商、运营实战 阎立忠　著	目前中国第一本系统解读产业园区和产业地产建设运营的实战宝典	从认知、策划、招商到运营全面了解地产策划
	人文商业地产策划 戴欣明　著	城市与商业地产战略定位的关键是不可复制性,要发现独一无二的"味道"	突破千城一面的策划困局
	电影院的下一个黄金十年:开发·差异化·案例 李保煜　著	对目前电影院市场存大的问题及如何解决进行了探讨与解读	多角度了解电影院运营方式及代表性案例

经营类:企业如何赚钱,如何抓机会,如何突破,如何"开源"

	书名.作者	内容/特色	读者价值
抓方向	让经营回归简单.升级版 宋新宇　著	化繁为简抓住经营本质:战略、客户、产品、员工、成长	经典,做企业就这几个关键点!
	活系统:跟任正非学当老板 孙行健　尹　贤　著	以任正非的独到视角,教企业老板如何经营公司	看透公司经营本质,激活企业活力
	公司由小到大要过哪些坎 卢　强　著	老板手里的一张"企业成长路线图"	现在我在哪儿,未来还要走哪些路,都清楚了
	企业二次创业成功路线图 夏惊鸣　著	企业曾经抓住机会成功了,但下一步该怎么办?	企业怎样获得第二次成功,心里有个大框架了
	老板经理人双赢之道 陈　明　著	经理人怎养选平台、怎么开局,老板怎样选/育/用/留	老板生闷气,经理人牢骚大,这次知道该怎么办了
	简单思考:AMT咨询创始人自述 孔祥云　著	著名咨询公司(AMT)的CEO创业历程中点点滴滴的经验与思考	每一位咨询人,每一位创业者和管理经营者,都值得一读
	企业文化的逻辑 王祥伍　黄健江　著	为什么企业绩效如此不同,解开绩效背后的文化密码	少有的深刻,有品质,读起来很流畅
	使命驱动企业成长 高可为　著	钱能让一个人今天努力,使命能让一群人长期努力	对于想做事业的人,'使命'是绕不过去的

续表

思维突破	**移动互联新玩法：未来商业的格局和趋势** 史贤龙　著	传统商业、电商、移动互联，三个世界并存，这种新格局的玩法一定要懂	看清热点的本质，把握行业先机，一本书搞定移动互联网
	画出公司的互联网进化路线图：用互联网思维重塑产品、客户和价值 李　蓓　著	18 个问题帮助企业一步步梳理出互联网转型思路	思路清晰、案例丰富，非常有启发性
	重生战略：移动互联网和大数据时代的转型法则 沈　拓　著	在移动互联网和大数据时代，传统企业转型如同生命体打算与再造，称之为“重生战略”	帮助企业认清移动互联网环境下的变化和应对之道
	创造增量市场：传统企业互联网转型之道 刘红明　著	传统企业需要用互联网思维去创造增量，而不是用电子商务去转移传统业务的存量	教你怎么在“互联网+”的海洋中创造实实在在的增量
	7 个转变，让公司 3 年胜出 李　蓓　著	消费者主权时代，企业该怎么办	这就是互联网思维，老板有能这样想，肯定倒不了
	跳出同质思维，从跟随到领先 郭　剑　著	66 个精彩案例剖析，帮助老板突破行业长期思维惯性	做企业竟然有这么多玩法，开眼界
	麻烦就是需求　难题就是商机 卢根鑫　著	如何借助客户的眼睛发现商机	什么是真商机，怎么判断、怎么抓，有借鉴
	互联网+“变”与“不变”：本土管理实践与创新论坛集萃·2016 本土管理实践与创新论坛　著	加速本土管理思想的孕育诞生，促进本土管理创新成果更好地服务企业、贡献社会	各个作者本年度最新思想，帮助读者拓宽眼界、突破思维
财务	**写给企业家的公司与家庭财务规划——从创业成功到富足退休** 周荣辉　著	本书以企业的发展周期为主线，写各阶段企业与企业主家庭的财务规划	为读者处理人生各阶段企业与家庭的财务问题提供建议及方法，让家庭成员真正享受财富带来的益处
	互联网时代的成本观 程　翔　著	本书结合互联网时代提出了成本的多维观，揭示了多维组合成本的互联网精神和大数据特征，论述了其产生背景、实现思路和应用价值	在传统成本观下为盈利的业务，在新环境下也许就成为亏损业务。帮助管理者从新的角度来看待成本，进一步做好精益管理

管理类：效率如何提升，如何实现经营目标，如何“节流”

	书名．作者	内容/特色	读者价值
通用管理	**1. 让管理回归简单．升级版** **2. 让经营回归简单．升级版** **3. 让用人回归简单** 宋新宇　著	宋博士的“简单”三部曲，影响 20 万读者，非常经典	被读者热情地称作“中小企业的管理圣经”
	员工心理学超级漫画版 邢　雷　著	以漫画的形式深度剖析员工心理	帮助管理者更了解员工，从而更轻松地管理员工
	分股合心：股权激励这样做 段　磊　周　剑　著	通过丰富的案例，详细介绍了股权激励的知识和实行方法	内容丰富全面、易读易懂，了解股权激励，有这一本就够了
	边干边学做老板 黄中强　著	创业 20 多年的老板，有经验、能写、又愿意分享，这样的书很少	处处共鸣，帮助中小企业老板少走弯路
	中国式阿米巴落地实践之从交付到交易 胡八一　著	本书主要讲述阿米巴经营会计，“从交付到交易”，这是成功实施了阿米巴的标志	阿米巴经营会计的工作是有逻辑关联的，一本书就能搞定
	阿米巴经营的中国模式 李志华　著	让员工从“要我干”到“我要干”，价值量化出来	阿米巴在企业如何落地，明白思路了
	中国式阿米巴落地实践之激活组织 胡八一　著	重点讲解如何科学划分阿米巴单元，阐述划分的实操要领、思路、方法、技术与工具	最大限度减少“推行风险”和“摸索成本”，利于公司成功搭建适合自身的个性化阿米巴经营体系
	欧博心法：好管理靠修行 曾　伟　著	用佛家的智慧，深刻剖析管理问题，见解独到	如果真的有‘中国式管理’，曾老师是其中标志性人物

续表

流程管理	1. **用流程解放管理者** 2. **用流程解放管理者 2** 张国祥　著	中小企业阅读的流程管理、企业规范化的书	通俗易懂,理论和实践的结合恰到好处
	跟我们学建流程体系 陈立云　著	畅销书《跟我们学做流程管理》系列,更实操,更细致,更深入	更多地分享实践,分享感悟,从实践总结出来的方法论
质量管理	**五大质量工具详解及运用案例:APQP/FMEA/PPAP/MSA/SPC** 谭洪华　著	对制造业必备的五大质量工具中每个文件的制作要求、注意事项、制作流程、成功案例等进行了解读	通俗易懂、简便易行,能真正实现学以致用
	1. ISO9001:2015 新版质量管理体系详解与案例文件汇编 **2. ISO14001:2015 新版环境管理体系详解与案例文件汇编** 谭洪华　著	紧密围绕 2015 新版,逐条详细解读,工具也可以直接套用,易学易上手	企业认证、内审必备
战略落地	**重生——中国企业的战略转型** 施　炜　著	从前瞻和适用的角度,对中国企业战略转型的方向、路径及策略性举措提出了一些概要性的建议和意见	对企业有战略指导意义
	公司大了怎么管:从靠英雄到靠组织 AMT 金国华　著	第一次详尽阐释中国快速成长型企业的特点、问题及解决之道	帮助快速成长型企业领导及管理团队理清思路,突破瓶颈
	低效会议怎么改:每年节省一半会议成本的秘密 AMT 王玉荣　著	教你如何系统规划公司的各级会议,一本工具书	教会你科学管理会议的办法
战略落地	**年初订计划,年尾有结果:战略落地七步成诗** AMT 郭晓　著	7 个步骤教会你怎么让公司制定的战略转变为行动	系统规划,有效指导计划实现
人力资源	**回归本源看绩效** 孙　波　著	让绩效回顾“改进工具”的本源,真正为企业所用	确实是来源于实践的思考,有共鸣
	世界 500 强资深培训经理人教你做培训管理 陈　锐　著	从 7 大角度具体细致地讲解了培训管理的核心内容	专业、实用、接地气
	曹子祥教你做激励性薪酬设计 曹子祥　著	以激励性为指导,系统性地介绍了薪酬体系及关键岗位的薪酬设计模式	深入浅出,一本书学会薪酬设计
	曹子祥教你做绩效管理 曹子祥　著	复杂的理论通俗化,专业的知识简单化,企业绩效管理共性问题的解决方案	轻松掌握绩效管理
人力资源	**把招聘做到极致** 远　鸣　著	作为世界 500 强高级招聘经理,作者数十年招聘经验的总结分享	带来职场思考境界的提升和具体招聘方法的学习
	人才评价中心．超级漫画版 邢　雷　著	专业的主题,漫画的形式,只此一本	没想到一本专业的书,能写成这效果
	走出薪酬管理误区 全怀周　著	剖析薪酬管理的 8 大误区,真正发挥好枢纽作用	值得企业深读的实用教案
	集团化人力资源管理实践 李小勇　著	对搭建集团化的企业很有帮助,务实,实用	最大的亮点不是理论,而是结合实际的深入剖析
	我的人力资源咨询笔记 张　伟　著	管理咨询师的视角,思考企业的 HR 管理	通过咨询师的眼睛对比很多企业,有启发
	本土化人力资源管理 8 大思维 周　剑　著	成熟 HR 理论,在本土中小企业实践中的探索和思考	对企业的现实困境有真切体会,有启发

续表

企业文化	**HRBP是这样炼成的之"菜鸟起飞"** 新　海　著	以小说的形式,具体解析HRBP的职责,应该如何操作,如何为业务服务	实践者的经验分享,内容实务具体,形式有趣
	华夏基石方法:企业文化落地本土实践 王祥伍　谭俊峰　著	十年积累、原创方法、一线资料,和盘托出	在文化落地方面真正有洞察,有实操价值的书
	企业文化的逻辑 王祥伍　著	为什么企业之间如此不同,解开绩效背后的文化密码	少有的深刻,有品质,读起来很流畅
	企业文化激活沟通 宋杼宸　安　琪　著	透过新任HR总经理的眼睛,揭示出沟通与企业文化的关系	有实际指导作用的文化落地读本
	在组织中绽放自我:从专业化到职业化 朱仁健　王祥伍　著	个人如何融入组织,组织如何助力个人成长	帮助企业员工快速认同并投入到组织中去,为企业发展贡献力量
	企业文化定位·落地一本通 王明胤　著	把高深枯燥的专业理论创建成一套系统化、实操化、简单化的企业文化缔造方法	对企业文化不了解,不会做?有这一本从概念到实操,就够了
生产管理	**高员工流失率下的精益生产** 余伟辉　著	中国的精益生产必须面对和解决高员工流失率问题	确实来源于本土的工厂车间,很务实
	车间人员管理那些事儿 岑立聪　著	车间人员管理中处理各种"疑难杂症"的经验和方法	基层车间管理者最闹心、头疼的事,'打包'解决
	1. 欧博心法:好管理靠修行 **2. 欧博心法:好工厂这样管** 曾　伟　著	他是本土最大的制造业管理咨询机构创始人,他从400多个项目、上万家企业实践中锤炼出的欧博心法	中小制造型企业,一定会有很强的共鸣
生产管理	**欧博工厂案例1:生产计划管控对话录** **欧博工厂案例2:品质技术改善对话录** **欧博工厂案例3:员工执行力提升对话录** 曾　伟　著	最典型的问题、最详尽的解析,工厂管理9大问题27个经典案例	没想到说得这么细,超出想象,案例很典型,照搬都可以了
	苦中得乐:管理者的第一堂必修课 曾　伟　编著	曾伟与师傅大愿法师的对话,佛学与管理实践的碰撞,管理禅的修行之道	用佛学最高智慧看透管理
	比日本工厂更高效1:管理提升无极限 刘承元　著	指出制造型企业管理的六大积弊;颠覆流行的错误认知;掌握精益管理的精髓	每一个企业都有自己不同的问题,管理没有一剑封喉的秘笈,要从现场、现物、现实出发
	比日本工厂更高效2:超强经营力 刘承元　著	企业要获得持续盈利,就要开源和节流,即实现销售最大化,费用最小化	掌握提升工厂效率的全新方法
	比日本工厂更高效3:精益改善力的成功实践 刘承元　著	工厂全面改善系统有其独特的目的取向特征,着眼于企业经营体质(持续竞争力)的建设与提升	用持续改善力来飞速提升工厂的效率,高效率能够带来意想不到的高效益
	3A顾问精益实践1:IE与效率提升 党新民　苏迎斌　蓝旭日　著	系统的阐述了IE技术的来龙去脉以及操作方法	使员工与企业持续获利
	3A顾问精益实践2:JIT与精益改善 肖志军　党新民　著	只在需要的时候,按需要的量,生产所需的产品	提升工厂效率

续表

员工素质提升	**手把手教你做专业督导:专卖店、连锁店** 熊亚柱　著	从督导的职能、作用,在工作中需要的专业技能、方法,都提供了详细的解读和训练办法,同时附有大量的表单工具	无论是店铺需要统一培训,还是个人想成为优秀的督导,有这一本就够了
	跟老板"偷师"学创业 吴江萍　余晓雷　著	边学边干,边观察边成长,你也可以当老板	不同于其他类型的创业书,让你在工作中积累创业经验,一举成功
	销售轨迹:一位快消品营销总监的拼搏之路 秦国伟　著	本书讲述了一个普通销售员打拼成为跨国企业营销总监的真实奋斗历程	激励人心,给广大销售员以力量和鼓舞
	在组织中绽放自我:从专业化到职业化 朱仁健　王祥伍　著	个人如何融入组织,组织如何助力个人成长	帮助企业员工快速认同并投入到组织中去,为企业发展贡献力量
	企业员工弟子规:用心做小事,成就大事业 贾同领　著	从传统文化《弟子规》中学习企业中为人处事的办法,从自身做起	点滴小事,修养自身,从自身的改善得到事业的提升
	手把手教你做顶尖企业内训师:TTT 培训师宝典 熊亚柱　著	从课程研发到现场把控、个人提升都有涉及,易读易懂,内容丰富全面	想要做企业内训师的员工有福了,本书教你如何抓住关键,从入门到精通

营销类:把客户需求融入企业各环节,提供"客户认为"有价值的东西

	书名．作者	内容/特色	读者价值
营销模式	**动销操盘:节奏掌控与社群时代新战法** 朱志明　著	在社群时代把握好产品生产销售的节奏,解析动销的症结,寻找动销的规律与方法	都是易读易懂的干货!对动销方法的全面解析和操盘
	变局下的营销模式升级 程绍珊　叶　宁　著	客户驱动模式、技术驱动模式、资源驱动模式	很多行业的营销模式被颠覆,调整的思路有了!
	卖轮子 科克斯【美】	小说版的营销学!营销理念巧妙贯穿其中,贵在既有趣,又有深度	经典、有趣!一个故事读懂营销精髓
	弱势品牌如何做营销 李政权　著	中小企业虽有品牌但没名气,营销照样能做的有声有色	没有丰富的实操经验,写不出这么具体、详实的案例和步骤,很有启发
营销模式	**老板如何管营销** 史贤龙　著	高段位营销 16 招,好学好用	老板能看,营销人也能看
	动销:产品是如何畅销起来的 吴江萍　余晓雷　著	真真切切告诉你,产品究竟怎么才能卖出去	击中痛点,提供方法,你值得拥有
销售	**资深大客户经理:策略准,执行狠** 叶敦明　著	从业务开发、发起攻势、关系培育、职业成长四个方面,详述了大客户营销的精髓	满满的全是干货
	成为资深的销售经理:B2B 、工业品 陆和平　著	围绕"销售管理的六个关键控制点"一一展开,提供销售管理的专业、高效方法	方法和技术接地气,拿来就用,从销售员成长为经理不再犯难
	销售是门专业活:B2B 、工业品 陆和平　著	销售流程就应该跟着客户的采购流程和关注点的变化向前推进,将一个完整的销售过程分成十个阶段,提供具体方法	销售不是请客吃饭拉关系,是个专业的活计!方法在手,走遍天下不愁
	向高层销售:与决策者有效打交道 贺兵一　著	一套完整有效的销售策略	有工具,有方法,有案例,通俗易懂
	卖轮子 科克斯　【美】	小说版的营销学!营销理念巧妙贯穿其中,贵在既有趣,又有深度	经典、有趣!一个故事读懂营销精髓
	学话术　卖产品 张小虎　著	分析常见的顾客异议,将优秀的话术模块化	让普通导购员也能成为销售精英

续表

组织和团队	**升级你的营销组织** 程绍珊　吴越舟　著	用"有机性"的营销组织替代"营销能人",营销团队变成"铁营盘"	营销队伍最难管,程老师不愧是营销第1操盘手,步骤方法都很成熟
	用数字解放营销人 黄润霖　著	通过量化帮助营销人员提高工作效率	作者很用心,很好的常备工具书
	成为优秀的快消品区域经理 伯建新　著	37个"怎么办"分析区域经理的工作关键点	可以作为区域经理的'速成催化器'
	一位销售经理的工作心得 蒋　军　著	一线营销管理人员想提升业绩却无从下手时,可以看看这本书	一线的真实感悟
	快消品营销:一位销售经理的工作心得2 蒋　军　著	快消品、食品饮料营销的经验之谈,重点突出	来源于实战的精华总结
	销售轨迹:一位快消品营销总监的拼搏之路 秦国伟　著	本书讲述了一个普通销售员打拼成为跨国企业营销总监的真实奋斗历程	激励人心,给广大销售员以力量和鼓舞
组织和团队	**用营销计划锁定胜局:用数字解放营销人2** 黄润霖　著	全方位教你怎么做好营销计划,好学好用真简单	照搬套用就行,做营销计划再也不头痛
	快消品营销人的第一本书:从入门到精通 刘　雷　伯建新　著	快消行业必读书,从入门到专业	深入细致,易学易懂
产品	**产品炼金术Ⅰ:如何打造畅销产品** 史贤龙　著	满足不同阶段、不同体量、不同行业企业对产品的完整需求	必须具备的思维和方法,避免在产品问题上走弯路
	产品炼金术Ⅱ:如何用产品驱动企业成长 史贤龙　著	做好产品、关注产品的品质,就是企业成功的第一步	必须具备的思维和方法,避免在产品问题上走弯路
	新产品开发管理,就用IPD 郭富才　著	10年IPD研发管理咨询总结,国内首部IPD专业著作	一本书掌握IPD管理精髓
品牌	**中小企业如何建品牌** 梁小平　著	中小企业建品牌的入门读本,通俗、易懂	对建品牌有了一个整体框架
	采纳方法:破解本土营销8大难题 朱玉童　编著	全面、系统、案例丰富、图文并茂	希望在品牌营销方面有所突破的人,应该看看
	中国品牌营销十三战法 朱玉童　编著	采纳20年来的品牌策划方法,同时配有大量的案例	众包方式写作,丰富案例给人启发,极具价值
	今后这样做品牌:移动互联时代的品牌营销策略 蒋军　著	与移动互联紧密结合,告诉你老方法还能不能用,新方法怎么用	今后这样做品牌就对了
	中小企业如何打造区域强势品牌 吴之　著	帮助区域的中小企业打造自身品牌,如何在强壮自身的基础上往外拓展	梳理误区,系统思考品牌问题,切实符合中小区域品牌的自身特点进行阐述
渠道通路	**快消品营销与渠道管理** 谭长春　著	将快消品标杆企业渠道管理的经验和方法分享出来	可口可乐、华润的一些具体的渠道管理经验,实战
	传统行业如何用网络拿订单 张　进　著	给老板看的第一本网络营销书	适合不懂网络技术的经营决策者看
	采纳方法:化解渠道冲突 朱玉童　编著	系统剖析渠道冲突,21个渠道冲突案例、情景式讲解,37篇讲义	系统、全面
	学话术　卖产品 张小虎　著	分析常见的顾客异议,将优秀的话术模块化	让普通导购员也能成为销售精英
	向高层销售:与决策者有效打交道 贺兵一　著	一套完整有效的销售策略	有工具,有方法,有案例,通俗易懂

续表

	书名．作者	内容/特色	读者价值
	通路精耕操作全解：快消品20年实战精华 周 俊 陈小龙 著	通路精耕的详细全解，每一步的具体操作方法和表单全部无保留提供	康师傅二十年的经验和精华，实践证明的最有效方法，教你如何主宰通路

管理者读的文史哲·生活

	书名．作者	内容/特色	读者价值
思想·文化	**每个中国人身上的春秋基因** 史贤龙 著	春秋368年（公元前770－公元前403年），每一个中国人都可以在这段时期的历史中找到自己的祖先，看到真实发生的事件，同时也看到自己	长情商、识人心
	内功太极拳训练教程 王铁仁 编著	杨式（内功）太极拳（俗称老六路）的详细介绍及具体修炼方法，身心的一次升华	书中含有大量图解并有相关视频供读者同步学习
	中医治心脏病 马宝琳 著	引用众多真实案例，客观真实地讲述了中西医对于心脏病的认识及治疗方法	看完这本书，能为您节约10万元医药费
	易经系辞大义 史幼波 著	结合人类社会的各种现象和人与人之间的复杂关系，系统阐述了《系辞》中蕴含的丰富思想	轻松掌握传统智慧精髓，从而达到修身养性的目的
	史幼波中庸讲记（上下册） 史幼波 著	全面、深入浅出地揭示儒家中庸文化的真谛	儒释道三家思想融汇贯通
	史幼波心经讲记（上下册） 史幼波 著	句句精讲，句句透彻，佛法经典的多角度阐释	通俗易懂，将深刻的教理以浅显的语言讲出来
	史幼波大学讲记 史幼波 著	用儒释道的观点阐释大学的深刻思想	一本书读懂传统文化经典
	史幼波《周子通书》《太极图说》讲记 史幼波 著	把形而上的宇宙、天地，与形而下的社会、人生、经济、文化等融合在一起	将儒家的一整套学修系统融合起来